Phil Gordon's 德州扑克小绿皮书

LITTLE GREEN BOOK
Lessons and Teachings in No Limit Texas Hold'em

[美]菲尔·戈登（Phil Gordon） 著
赵春阳 译

电子工业出版社
Publishing House of Electronics Industry
北京·BEIJING

Simplified Chinese Translation copyright

© 2014 by Phil Gordon.
Publishing House of Electronics Industry
PHIL GORDON'S LITTLE GREEN BOOK: LESSONS AND TEACHINGS IN NO LIMIT TEXAS HOLD'EM

Original English Language edition Copyright © 2005 by Phil Gordon
All Rights Reserved.
Published by arrangement with the original publisher, Gallery Books, a Division of Simon & Schuster, Inc.

本书中文简体字版专有出版权由Simon & Schuster, Inc.旗下Gallery Books正式授权，通过安德鲁·纳伯格联合国际有限公司代理，由电子工业出版社出版。未经许可，不得以任何方式复制或抄袭本书的任何部分。
版权贸易合同登记号 图字：01-2014-1279

图书在版编目（CIP）数据

德州扑克小绿皮书/（美）戈登（Gordon, P.）著；赵春阳译. —北京：电子工业出版社，2014.7
书名原文：Phil gordon's little green book:lessons and teachings in no limit texas hold'em
ISBN 978-7-121-23337-1

Ⅰ.①德… Ⅱ.①戈… ②赵… Ⅲ.①扑克－基本知识 Ⅳ.①G892

中国版本图书馆CIP数据核字（2014）第110726号

责任编辑：张　毅　特约编辑：李建伟
印　　刷：三河市兴达印务有限公司
装　　订：三河市兴达印务有限公司
出版发行：电子工业出版社
　　　　　北京市海淀区万寿路173信箱　邮编：100036
开　　本：880×1230　1/32　印张：7　字数：149千字
版　　次：2014年7月第1版
印　　次：2025年9月第50次印刷
定　　价：50.00元

凡所购买电子工业出版社图书有缺损问题，请向购买书店调换。若书店售缺，请与本社发行部联系，联系及邮购电话：（010）88254888，88258888。
质量投诉请发邮件至zlts@phei.com.cn，盗版侵权举报请发邮件至dbqq@phei.com.cn。
本书咨询联系方式：（010）68161512，meidipub@phei.com.cn。

献词

本书献给我生命中最重要的三个女人——我的妈妈Ann、我的妹妹Ashley、我亲爱的姨妈Marie "Lib" Lucas，她们一直陪伴着我并教会了我如何成为一个优秀的人。我的第一场德州扑克比赛就是和这三个女士玩的，她们把我的零花钱都赢光了。

中文版序

中国的朋友们：

欢迎来到扑克桌！我非常高兴，也非常荣幸，我的《德州扑克小绿皮书》（以下简称《小绿皮书》）能来到一个神奇的国度，看到德州扑克在中国流行起来我无比开心。虽然我们的文化背景不同，但是我相信我们都喜欢接受新事物，也相信我们赢了一个大彩池后都会兴奋。

2005年《小绿皮书》第一版问世以来，虽然德州扑克的打法发生了很多改变，但是我相信书中的很多建议仍然有效，你通往"决赛桌"的门票就在这本书里。

2011年，作为活跃的职业扑克玩家，我"退役"了。现在我把主要精力放在我的两个小儿子亚历山大和扎克里、我的妻子巴布，还有我的商业股份上了。但是，我的心思从未离开过德州扑克。我仍然喜欢打牌，我仍然喜欢深入思考策略，我仍然喜欢向世界上最好的玩家学习。虽然我生活的重心改变了，但是我对德州扑克的热爱以及学习德州扑克的热情从未减退。

虽然大部分读者都把德州扑克当成一项业余爱好，但是也有一些人会认真学习，最终成为专家。我期待迎接你们面对面的挑战，我会读你们的牌，我会通过诈唬让你们扔掉好牌。也许几年后我们将看到一位来自中国的WSOP冠军——那一定会让世人震惊。

希望你拿到好牌，交到好运，玩得开心。请把这项复杂的、有趣的、令人着迷的游戏介绍给你的朋友。

如果你有什么问题，我非常愿意与你直接交流，当然，最好用英语！我希望可以通过电子邮件解答你的问题。如果能把你在比赛或游戏中获得奖励的照片发给我，我会非常开心。

祝你好运！

菲尔·戈登
邮箱：gold@philnolimits.com

译者序

我刚接触德州扑克的时候也是乱玩，直到看了菲尔·戈登的教学视频 *Final Table Poker* 才知道位置、Tell、"四二法则"等概念，可以说，菲尔是我学习德州扑克的启蒙老师。菲尔在大学学的是计算机专业，毕业后当过一段时间的教师。可能与早年的经历有关，他为人幽默、儒雅，表达简洁而富于逻辑性，善于把复杂的事情总结归纳成几个简单的概念，他把这些特质带到了《小绿皮书》中，相信你在学习德州扑克技巧的同时也能感受到菲尔的人格魅力。本书涵盖了德州扑克的方方面面，包括Tell、锦标赛，还包括德州扑克所涉及的数学、心理学知识等。书中没有枯燥的论述，取而代之的是一个个重要的知识点，每个知识点篇幅短小，相对独立。阅读本书时，你不必从头读到尾，从任何一小节看起都可以。《小绿皮书》还收录了大量图表，包括起手牌表、出牌表，以及WSOP（世界扑克系列赛）各级别的大小盲注数。《小绿皮书》是德州扑克的小百科全书，如果你只选一本德州扑克书，那么《小绿皮书》最合适不过了。

再说一下翻译中遇到的问题。由于这是国内第一本引进的德州扑克教程，很多扑克术语在国内并没有统一的称呼，我采用的是在国内扑克圈中较流行的译法，例如，"Check"我翻译成了"让牌"，而不是"过牌""看牌"；"Draw"我翻译成了"抽牌"，而不是"听牌""叫牌"。还有些术语，国内扑克圈在交流时直接用英语，没有常见的译法，对于这种情况我保留了原文不做翻译，如 Tell、Check-raise、Add-on 等。

最后特别感谢正在阅读这本书的你，祝你多拿AA，少被BB。

赵春阳

致谢

我要感谢所有"失控男孩"们(Rafe Furst、Dave "Diceboy" Lambert、Steve Miranda、Perry Friedman、Paul Swienccki、Tony Glenning、Kim Scheinberg、John Kullmann、Josh Paley、Michael Stern、Lenny Augustine、Bruce Hayek、Russ Garber),我们一起玩了十五年的德州扑克,一直非常开心。每周三的晚上,"失控男孩"们的扑克之夜,永远是每周最期待的时刻。"叮铃扭一扭"的游戏将永远留在我们的记忆中。

也要谢谢我的家人和朋友,谢谢他们的爱和支持。特别是我的妈妈、爸爸、妹妹Ashley、妹夫Ryan、侄子Zakai和侄女Anise,Barb Smith、Rick Averitt、教子Quinn和Savannah Averitt、Ben Philip Leader,还有Winnie和Charlie Swiencicki。

在商业上,你需要值得信任的人。我非常幸运能与这些天才一起共事:我在创意艺术家中介公司的代理商Andy Elkin、Lisa Shotland、Amy Yavor和Jeremy Plager。我的公关 Jeff Duclos,我的出版代理商Greg Dinkin 和出版公司的Frank Scatoni。感谢我在P3 Poker的朋友和商业伙伴 PJO'Neill、Luke Lincoln和Brian

Efird。谢谢豪客时尚的Brian Smith。谢谢NTN的好朋友，与你们在酒吧一起玩扑克非常开心。没有我的助理Dorian Dianni的帮助，我做不成任何事。谢谢西蒙聚光灯娱乐公司的朋友，他们相信我和我的项目：Tricia Boczkowski、Jen Bergstrom、Jen Robinson、Jen Slattery、Julie Amitie、Nellie Kurtzman、Lynn Smith、Suzanne Murphy、Rick Richter、Russell Gordon、Yaffa Jaskoll、Emily Westlake、Bill Gaden和Frank Fochetta。

在每个玩家的扑克生涯中，都有一些人会帮助其成长，分享他们的知识、秘密、经验。我在全速扑克上的朋友无疑是世界上最好的玩家，他们的帮助和友谊最大限度地造就了我的成功。Chris "Jesus" Ferguson、Howard Lederer、Phil Ivey、John Juanda、Erik Seidel、Erick Lindgren、Jennifer Harman、Clonie Gowen和Andy Bloch，他们都非常愿意讨论牌局、分享成功、安慰别人遇到的Bad Beat[①]。这些传奇玩家中的很多人都读了这本书，并给出了修改意见。

特别感谢花了大量时间帮我编辑这本书的朋友们：Jonathan Grotenstein、Richard Brody、Rick Wampler、Annie Duke、Andrew Hill Newman、Richard Lederer、Mike Keller和Jon Gunn。

最后，感谢我在"扑克明星赛"的朋友们：Dave Foley、Andrew Hill Newman和Josh Malina及CPS的其他成员，Picture This电视台，还有诸多义务参加比赛的明星们。

我的姨妈Lucas在我七岁的时候教会了我玩扑克。她在我赢得

---

① Bad Beat：指两个玩家全下注后低胜率玩家用小概率出牌击败了高胜率玩家。

第一个德州扑克冠军时死于癌症。我玩的每手牌和参加的每一场比赛都是献给她的。这本书的一部分收入将捐献给癌症研究和预防中心。

机会总是给有准备的人。
——路易斯·巴斯德（Louis Pasteur）

前言

无限注德州扑克是一项非常有难度的游戏，这是一个坏消息。但是也有好消息：你可以通过学习提高技术。我为什么知道？因为我之前也是一个失败的玩家，但是我通过学习改变了这一切。如果我能获得世界扑克巡回赛（WPT）的冠军，相信其他人也可以。

世界上最优秀的德州扑克选手一般都拥有五项特质：

1. 他们总是很有侵略性。有侵略性的扑克是胜利的扑克，他们通过下注和加注向对手施压。
2. 他们很有耐心。他们会等待有利的局面出现再进入彩池。
3. 他们很有勇气。他们不需要非得拿到坚果牌才下注、跟注、加注。
4. 他们很善于观察。每手牌他们都在观察对手。
5. 他们总在完善自己的技术，努力成为更优秀的选手。他们与其他人讨论牌局，他们练习，他们读扑克教程，他们分析自己的打法，试图找到自己的不足加以改进。

这五项特质是所有想成为高手的扑克玩家必备的。前四项你未来可以通过学习改进，第五项你已经具备了——因为你买了这本书，你正在完善自己的技术。

德州扑克成功的途径有很多，在这本书里我会准确地描述我的打法。对于我提供的打法你可能会有不同意见，这很好。我不希望你把这本书当作德州扑克的权威指南，它应该是你思考这项游戏的催化剂。

简而言之，这本书讲的是我是如何玩无限注德州扑克的。我不是世界上最好的德州扑克玩家，但我是一个成功的玩家，我成功的方法就是这本书所描述的。

在我学习德州扑克时，我几乎读过所有的扑克书。我非常感激那些扑克书的作家：斯克兰斯基（Sklansky）、布朗森（Brunson）、克劳迪亚（Cloutier）、麦克沃伊（McEvoy）、马尔毛斯（Malmuth）、库克（Cooke）、哈灵顿（Harrington）、卡罗（Caro）。没有他们的工作就不会有我的今天，我的大部分德州扑克知识都是通过他们知道的。

现今最伟大的高尔夫球教练之一哈维·佩尼克（Harvey Penick）曾写过一本伟大的书——《哈维·佩尼克的小红皮书》。在这本书里，他表达了他对高尔夫球运动的看法和理解。他在书中从未宣称他知道高尔夫球的必胜方法，但佩尼克的书激发了我的灵感，让我知道了如何用简单的方法传授一种复杂的游戏的玩法。

花点时间读这本书，不管你对书中内容理解得怎样，你都需要与风格迥异的对手打上成千上万手牌才能明白其中的道理。不用着急，"钱包"不是一天鼓起来的，慢慢来。你会遇到很多挫折，你会经常被Bad Beat，但是，在游戏的过程中你也会体会到无尽的乐趣。

目录

扑克的真理 ——— 1

决定，决定 / 2
效果 / 2
用强牌进入彩池 / 3
基本原理 / 3
轮到我下注了……冷静思考！/ 4
我不必成为最好的 / 5
常见的错误 / 6
观察对手 / 7
侵略性的价值 / 8
位置，位置，位置 / 9
筹码顺时针流动 / 10
盲注期望值为负 / 10
给下注一个理由 / 11
改变打法 / 11
向更优秀的玩家学习 / 12
大牌大彩池，小牌小彩池 / 12

翻牌前 ——— 13

学习，观察 / 15
第一个进入彩池时，加注 / 15
平跟 / 17

加注正确的数量 / 18
跟注平跟的玩家 / 19
有好位置时，平跟一个加注 / 20
小盲注的打法 / 21
小盲注平跟大盲注列表 / 23
从大盲注加注 / 24
加注平跟的玩家 / 24
夹心三明治玩法 / 25
从开关位置偷盲注 / 26
翻牌前主导 / 27
别人加注时如何玩强牌 / 28
翻牌前全下 / 30
知道玩家什么时候被彩池套住[①]了 / 31
反加注拣选法 / 31
对牌在多路彩池中 / 33

翻牌后 ——— 35

先下手为强 / 36
翻牌后的单挑 / 37
对抗多个玩家 / 42

封锁下注 / 44
双卡槽抽顺 / 44
可以一战的牌 / 45
牌面结构 / 46
下注好牌 / 48
翻牌拿到两对 / 48
翻牌拿到暗三 / 51
翻牌拿到明三 / 53
翻牌拿到顺子 / 55
简单的酒吧魔术 / 58
翻牌拿到同花 / 58
翻牌拿到葫芦 / 59
翻牌拿到四头 / 61
翻牌拿到抽牌 / 62
我下注，优秀玩家跟注 / 63

转牌后 —————— 65

牌力增强时 / 66
吓人的牌 / 68
用抽牌跟注 / 69
半诈唬 / 70
立即拿下彩池 / 71

河牌后 —————— 73

让坚果物有所值 / 75
用中等牌下注 / 76
下注还是Check-raise / 78

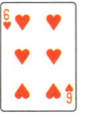

Tell —————— 81

卡罗伟大的Tell法则 / 83
"人言可畏" / 83

变化的下注数量 / 84
没按次序的下注 / 84
大筹码，小筹码 / 85
筹码堆 / 86
他们忙时会很紧 / 87
检查同花 / 88
快下注，慢下注 / 88
行为的改变 / 88
前倾者和懒散者 / 89
发抖的手 / 89
当他们看自己的筹码时 / 90
当他们看我的筹码时 / 90
快速地跟注 / 90
缓慢地跟注 / 91
当对手伸手去拿筹码时 / 91
扔筹码与滑筹码 / 91
反用Tell / 92

比赛策略 —————— 93

保持生存 / 95
在早期建立一个紧手的形象 / 9
彩池很大时 / 96
重大变化后暂停一下 / 96
时刻留意对手的筹码 / 97
获得运气……在正确的时候 / 9
瞄准中筹码玩家 / 97
玩小口袋 / 98
不要用一对玩命 / 99
比赛奖励结构样本 / 99

为冠军而战 / 100
比赛奖金 / 101
协议分割奖金 / 101
偷盲注 / 102
偷盲注失败时 / 104
偷还是反偷 / 105
谨记平均筹码的大小 / 106
有30个大盲注会很舒服 / 107
玩大筹码 / 107
有底注时 / 109
短筹码 / 110
超级短筹码策略 / 110
等待盲注的增长 / 112
重购和加码 / 112
泡沫 / 114
休息前的最后一手牌 / 114
比赛后期的心照不宣 / 115
清晰的数学思维和Bad Beat / 116

概率和数学 —— 119

四二法则 / 120
计算示例 / 121
同花的价值 / 122
翻牌前的胜负概率 / 123
小劣势，大优势 / 124
想不到的胜率 / 125
彩池赔率和隐含赔率 / 126

心理学 —— 131

扔掉大牌 / 132
干掉他们 / 135
被Bad Beat后 / 135
迷信 / 136
上风期 / 136
观察对手的下注习惯 / 137
击败紧弱型玩家 / 138
击败松手玩家 / 139
击败跟注站 / 139
击败超凶的对手 / 140
改变打法的时机 / 140
座位选择 / 141
制订一个比赛计划 / 142
亮牌 / 143
失控 / 143
隐含情绪赔率 / 145
牌桌的选择 / 145
下注的时间 / 146
诈唬 / 146
做大诈唬 / 146

其他因素 —— 151

筹码和资本 / 152
游戏时长 / 153
不要设定目标 / 153
刺探军情 / 154
拿回盲注 / 154
不要敲打"鱼缸" / 155

熟能生巧 / 156
不健康的玩家 / 156
在牌桌上戴墨镜 / 157
激进打法是伟大的平衡器 / 158
比赛结构 / 159
在线扑克 / 159

牌手档案 —————— 161
古斯·汉森（Gus Hansen）/ 162
丹·哈灵顿（Dan Harrington）/ 163
菲尔·赫尔穆特（Phil Hellmuth）/ 164
约翰·朱安达（John Juanda）/ 165
"线上最大的赢家" / 165

德州扑克规则 —————— 169
基础 / 170
礼节规范 / 174
锦标赛规程 / 176

图表 —————— 177
起手牌 / 178
出牌 / 183
翻牌前的拿牌概率 / 184
牌力等级 / 186
WSOP赛制 / 188
进一步学习的资源 / 190

后记 / 192
附录　德州扑克术语中英文对照表 / 194

扑克的真理

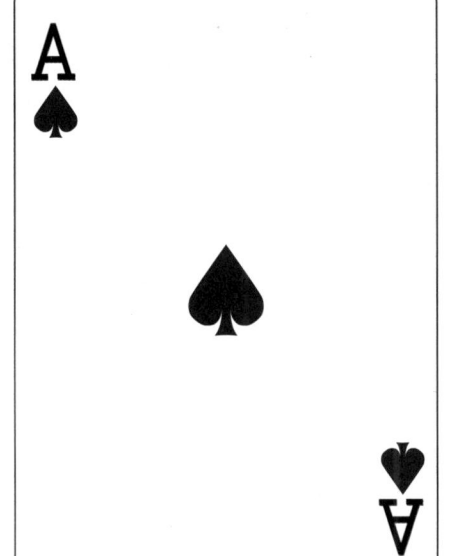

你选择了一项复杂的游戏，就像天才玩家兼WPT主持人麦克·塞克斯顿（Mike Sexton）喜欢说的那样："德州扑克一分钟就可以学会，但是要用一辈子才能精通。"

德州扑克的成功之路有很多，不同的打法也有很多，但是不管你采用什么方式，还是有一些被广泛认同的道理。"扑克真理"适用于任何形式的游戏。在这章中，我会呈现多年来我体会的、发现的、学到的一些扑克真理。

决定，决定

成功的打法与是否盈利无关，与读牌或诈唬无关，更与赢得一个大彩池无关。成功的打法取决于你是否做出了正确的决定。

每一手牌，我们都要面对很多重要的决定：

- ♠ 我应该玩这手牌吗？
- ♠ 我应该加注多少？
- ♠ 我是否有最好的牌？
- ♠ 我能让我的对手弃牌吗？

如果我能比对手做出更多的正确决定，那么我的打法就是成功的。可能我不会赢得最大的彩池，但是我会赢，赢得更多。

效果

当我们坐在牌桌上，无论行动还是不行动都会产生一定的效果。我的目标是在掌握自己行动的同时也控制对手的行动。每次让牌、下注、加注或弃牌，我都努力把我犯错误造成的损失最小化，并把对手犯错误造成的损失最大化。

A
扑克的真理

用强牌进入彩池

我能做的就是,等我有强牌时再进入彩池。无论我怎样努力,当我进入彩池后,我都无法控制尚未发出的公共牌。我能做的就是当我有强牌的时候,把我的筹码有多少算多少,都放到彩池里。

Bad Beat、讨厌的出牌、对手的好运,这些都是德州扑克这项游戏必不可少的一部分。如果菜鸟们无法偶尔通过运气获胜,那么他们就不会玩德州扑克了。

上面的事实告诉我,如果我用强牌进入彩池后输光了我的筹码,其实没有什么值得郁闷的。

基本原理

大卫·斯克兰斯基在他的开创性著作《扑克理论》中写道:

> 你的打法与你看到对手底牌后采用的打法不同时,对手获得正收益;你的打法与你看到对手底牌后采用的打法相同时,对手获得负收益。相反,对手的打法与他们看到你的底牌后采用的打法不同时,对手获得负收益;对手的打法与他们看到你的底牌后采用的打法相同时,对手获得正收益。

如果我能以某种方法知道对手的底牌,每次我都应该这样做决定:我的牌较好时,我应该下注或加注;我的牌较差时,我应该让牌或弃牌；我有合适的赔率或隐含赔率时，我应该跟注。我的牌较好时，我应该让我的对手尽可能多地把筹码放入彩池；我的牌较差时，我应该尽可能少地把我的筹码放入彩池。

基本原理如此简单，德州扑克却很复杂，我不可能总知道对手的底牌。为了成为一个优秀的选手，我们不得不把扑克的基本原理和实际游戏中的心理因素结合到一起。

轮到我下注了……冷静思考！

每次轮到我行动的时候，我都会问我自己几个问题：
- ♥ 对手是什么风格的，保守的、激进的，还是犹豫不决的？
- ♥ 对手的底牌可能是什么？
- ♥ 对手认为我的底牌是什么？
- ♥ 我在好位置还是坏位置？

有了这些问题的答案，我会继续问几个更重要的问题：
- ♣ 我该下注（或加注）吗？
- 如果我认为我有最好的牌，我会回答"是的"，我选择下注或加注。
- 如果我认为我的下注或未来的下注能把对手打出彩池，我会回答"是的"，我选择下注或加注。
- 如果我有好的抽牌，并且认为对手很可能弃牌，我会回答"是的"，我选择下注或加注。

A
扑克的真理

♣ 我应该让牌（或弃牌）吗？

- 如果我认为我的牌较差，我会回答"是的"，我选择让牌或弃牌。
- 如果我认为我的对手很强，我会回答"是的"，我选择让牌或弃牌。
- 如果我有一手抽牌，但是胜率不够，我会回答"是的"，我选择让牌或弃牌。

如果经过仔细分析，我不认为我应该加注，我也不认为我应该弃牌，那我就应该跟注（或让牌）。

我发现，即使在看似简单或明显的局面面前，坚持问自己这些问题也会让我获得更多的机会。

在考虑让牌或弃牌前先要考虑下注或加注，我确信我玩的是有侵略性的扑克，有侵略性的扑克是正确的玩法。

我不必成为最好的

我不必成为牌桌上最好的玩家，我只要比一部分玩家好就可以了。

一个牌桌的盈利点始终是有两到三个低水平的玩家。我会努力从比我差的玩家那里多赢钱，而少去碰那些比我强的玩家。

2003年3月，当时正值世界扑克巡回赛（WPT）在电视上播放，很多游客拿着钱来到拉斯维加斯，成群结队地去玩德州扑克。有一天晚上，在百乐宫酒店，我看到一个盲注为10/20美元的牌桌上坐着安东尼奥·埃斯凡迪亚里（Antonio Esfandiari）、古斯·汉森（Gus Hansen）、菲尔·拉克（Phil Laak）、雷夫·福斯特（Rafe Furst），好像还有其他三位知名玩家。

我不明白为什么他们愿意凑在一起打牌，没有任何高手在面对其他高手时会有很大的优势，反正我是不愿意对抗这些人的。

后来我发现了一个弱环，哈利是一位来自得克萨斯州奥斯汀市的"散财童子"，他有一堆10 000美元一捆的现金，几乎每手牌他都要下一捆。

一会儿，有了一个空位，我也加入了。

常见的错误

每个人都会犯错误，低水平玩家会一次次地犯相同的错误，能利用这些错误的人将会成功。下面是一些常见的错误以及我利用这些错误的方法：

- ◆ 玩家诈唬不够。当这些玩家下注或加注时，我一般会相信他有一手好牌。当他们让牌时，我一般会下注设法立即赢得彩池。
- ◆ 玩家高估顶对的价值。在德州扑克中，赢得彩池的平均牌力是两对，但是还是有很多玩家愿意承担顶对带来的风险。如果我的牌可以击败他们的顶对，我会下一个大注引诱他们犯错误。对付这样的玩家，我特别喜欢玩小对子，因为我一旦翻牌中了暗三，我就非常可能获得巨大的回报（请看本书第126页"彩池赔率和隐含赔率"）。

A
扑克的真理

- ◆ 玩家下注太小。下一个大注去惩罚那些喜欢抽牌的人非常重要，特别是在无限注德州扑克中（请看本书第126页"彩池赔率和隐含赔率"）。如果我的对手下了一个小注，而我有抽牌，我会利用他的错误选择跟注。如果我击中了抽牌，我会加注。

- ◆ 玩家跟注太多。我很少去诈唬"跟注站"[①]，我会多做一些符合我这手牌价值的下注。

- ◆ 玩家在压力下会变得谨慎。很多低水平玩家在锦标赛中段或遇到麻烦时都会变得谨慎起来，期盼一手好牌的出现。面对这些玩家，我会玩得松一点，去偷他们的盲注和底注。

- ◆ 玩家有明显的Tell[②]。我会一直观察这些玩家，无论我是否在彩池中（请看本书第81页"Tell"）。

> 能因敌变化而取胜者，谓之神。
> ——《孙子兵法》

观察对手

增加获胜概率的最好办法之一就是不断地观察对手，即使我不在彩池中。

- ♠ 我观察对手的Tell。

[①] 跟注站：指那些特别喜欢跟注，不喜欢加注或弃牌的玩家。
[②] Tell：指泄露对手打法或底牌的习惯动作。

- ♠ 我观察对手的下注模式。
- ♠ 我试图掌握对手。
- ♠ 如果对手亮牌了，我会记住他的底牌、他的位置、他在翻牌前和翻牌后都做了什么。
- ♠ 我试图弄清对手此刻正在想什么。
- ♠ 我会考虑怎么才能刺激他。

观察对手越多，进入彩池时就有越多的信息可以利用。

关于观察对手的案例我见过的最有意思的一次是发生在2001年WSOP的决赛桌。当时还剩下五个玩家，菲尔·赫尔穆特（Phil Hellmuth）和卡洛斯·莫滕森（Carlos Mortensen）卷入了一手非常重要的对决。翻牌是Q-9-4，两张黑桃，卡洛斯让牌，菲尔加注到60 000个筹码，卡洛斯反加注到200 000个，菲尔立即全下了他的400 000个。

拿着Q-J的卡洛斯面对菲尔的全下非常担心菲尔拿到了一手强牌。卡洛斯很犹豫，可正在他自言自语时，菲尔竟然亮出了自己的底牌Q-T！原来菲尔误以为他听到了卡洛斯说"跟注"。机智的卡洛斯立即选择了跟注，转牌与河牌都没有帮助他们俩，卡洛斯淘汰了菲尔·赫尔穆特。场边的观众，除了菲尔的妻子和父母，都发出了巨大欢呼声。

侵略性的价值

如果我们让牌或跟注，只有摊牌时我们有更好的成牌才能

A
扑克的真理

获胜。

如果我们下注或加注,我们就有两条获胜的途径:对手弃牌或摊牌时我们的牌更好。

在牌桌上我最忌惮那些不断下注和加注的对手,经常让牌和跟注的玩家不会取得什么好成绩。

位置,位置,位置

在德州扑克中,有一个好位置(在每个回合中后行动)非常重要,原因如下:

- ♥ 在我决定是否下注前,我可以看到所有对手的行动。
- ♥ 我最后行动,如果其他玩家有示弱的表现,我可以找机会诈唬。
- ♥ 我可以利用"翻牌出现好牌较难"这个事实。在德州扑克中,如果对手的底牌是非对牌(如A–K、K–Q、6–4等),只有大约35%的概率翻出一对或更好的牌,其他65%的概率,不管牌力强弱我的位置都可以帮助我。
- ♥ 当我有好位置时,如果对手的牌很好但我的牌更好,那么从对手那里赢得大量的筹码将变得无比简单。

如果我有好位置,我会玩75%~80%的起手牌。面对优秀玩家时,我很少在不好的位置玩牌。

筹码顺时针流动

由于在好位置玩牌有诸多优势，牌桌上的筹码有顺时针流动的倾向，即从大小盲注流向后行动的玩家。

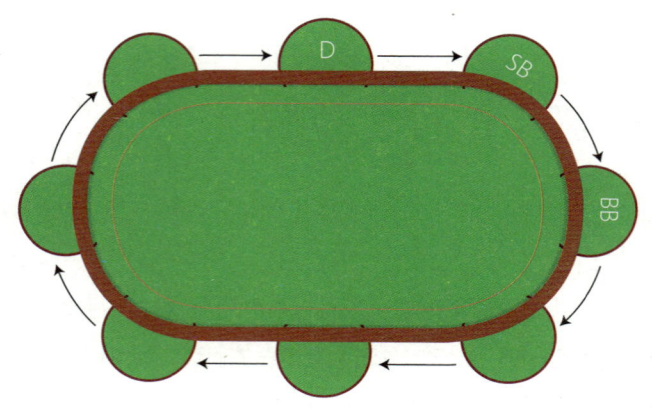

D：按钮；SB：小盲注；BB：大盲注

盲注期望值为负

长期来看，在盲注位置玩牌是负收益的，但我并不担心，因为当我有好位置时我有足够的机会赢回损失的筹码。

盲注期望值为负的主要原因是翻牌后的每个下注圈他们都要先行动。在没有好位置的情况下，我玩得最好的牌是中小对子。无论在什么位置，只要能翻出一个暗三就可以赢得一个大彩池。

A
扑克的真理

♠ 给下注一个理由

当我下注的时候,我需要一个好理由。下面是我在翻牌前下注的理由:

- ♣ 偷盲注(请看本书第102页"偷盲注")。
- ♣ 赶走其他玩家以便我获得好位置(请看本书第31页"反加注拣选法")。
- ♣ 我认为我有最好的牌。
- ♣ 便于翻牌后偷对手。例如,翻牌前我在好位置跟注,对手错过了翻牌,我一般会下注争取立即拿下彩池。
- ♣ 我认为,如果我拿到了出牌我会从对手那里赢得一个大彩池(请看本书第126页"彩池赔率和隐含赔率")。

下面是我在翻牌后下注的理由:

- ♦ 我认为对手有很大的弃牌率。
- ♦ 我认为对手在抽牌,我让他们要么为抽牌付出代价,要么立即弃牌。
- ♦ 我认为我有最好的牌。
- ♦ 下注是我赢得彩池的唯一机会。
- ♦ 我确定我的牌更好,我想让对手继续释放筹码。

♠ 改变打法

击败一成不变的玩家很容易。如果他们很紧,他们进入彩池时我就弃牌，或者偷他们、把他们打跑；如果他们很松，我就玩得紧点，等拿到好牌再出手；如果他们翻牌时经常用顺子抽牌或同花抽牌下注，我就反加注。

我要说的是，如果对手的目的是可预见的，那么我犯错的可能性就大大降低了。更重要的是，我能利用我对他们的了解使他们犯错误。

改变打法是优秀扑克玩家最重要的特性之一。有时玩得紧是对的，有时玩得松是对的，但是让对手弄不清你玩得是紧还是松永远是对的。

> 战势不过奇正，
> 奇正之变，
> 不可胜穷也。
> ——《孙子兵法》

向更优秀的玩家学习

在德州扑克界中，有很多比我更优秀的玩家，不要刻意躲避他们，应该努力向他们多学习。与高手过招是提高自己技术的好机会。

大牌大彩池，小牌小彩池

这个道理很明显，当我牌大时，我希望参与一个大彩池；当我牌小时，我希望参与一个小彩池。如果对手想通过加一个大注建立一个大彩池，我大部分情况下会扔掉弱牌，这样我就有机会坚持得更久，等着用大牌参与大彩池。没有大牌我很少参与大彩池。

翻牌前

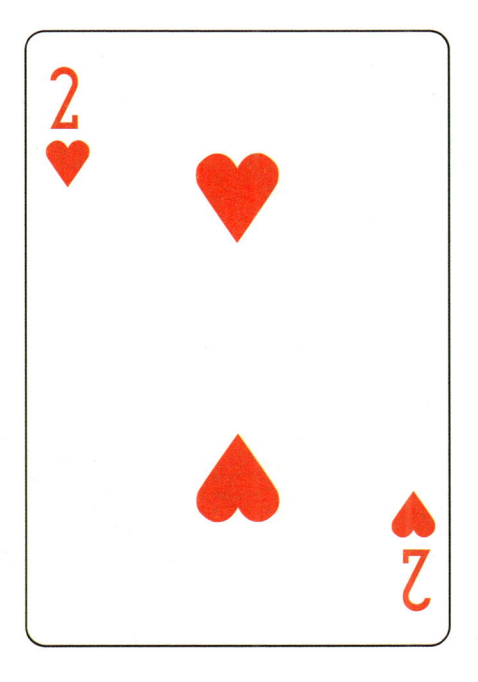

一旦进入彩池,翻牌后的大部分行动都是必然的或近乎必然的。因此,在德州扑克中最重要的决定发生在翻牌前:我应该玩我拿到的这两张牌吗?

在回答这个问题时,很多因素都会起作用。很多扑克教程都会提供一个表格,告诉玩家在什么位置应该玩什么牌。在这本书里我也会提供我的版本(请看本书178页"起手牌")。

德州扑克 小绿皮书

Phil Gordon

需要说明的是：德州扑克不是一个简单的数字游戏，德州扑克是关乎局面的游戏。

在"21点"中，存在一些永远正确的决定，玩家称之为"基本策略"，只要把你的牌和发牌员的牌一比较，概率（至少大体上）就会指示你应该选择要牌还是不要牌。

但德州扑克是一个信息不完全的游戏，因此要复杂得多。在做决定的时候，不光要看书上是怎么说的，还要考虑其他因素，比如下面这些：

- ♠ 对手的习惯。
- ♠ 我和对手的心理状态。
- ♠ 我和对手的筹码数量。
- ♠ 我的牌桌形象。

电脑程序只会按照起手牌表做决定，但真正的德州扑克玩家需要权衡信息、分析局势，然后做出自己的选择。在一场比赛中，我可能在前段位置用A-J加注，也可能在同样的位置扔掉A-J。

在这本书后面，我提供了一个起手牌表，这个表格适用于以下环境：

- ♥ 我是第一个行动的玩家，我准备加注3倍大盲注。

2
翻牌前

- ♥ 我不太了解对手。
- ♥ 牌桌上的每个玩家筹码都很平均。
- ♥ 盲注相对于每个玩家的筹码都很小。

如果你刚接触德州扑克，这个表格非常适合入门。但是，你玩得越多，你就越感觉经验和直觉更有帮助。当然，这个表格也会成为参考依据。

学习，观察

在到我说话之前我从来不看牌。我发现如果牌一发下来我就看，牌不好时我会表现得无所事事，牌好时我会表现得非常兴奋。那些注意观察的玩家会抓住这个细节，等他们做决定的时候加以利用。

在没轮到我说话时，我可以观察正在行动的玩家。通过观察他们我会获得很多信息，这些信息在后续的游戏中会为我提供帮助。

第一个进入彩池时，加注

翻牌前，我先行动时很少平跟（跟注大盲注）进入彩池。如果我决定玩这手牌并且我是第一个说话的玩家，我通常会加注。理由有以下五个：

- ♣ **限制对手**。加注通常会阻止一些玩家看牌，这意味着我有更多的机会赢得彩池。

- 口袋A面对一张随机牌有85.5%的胜率，面对四张随机牌则只有55.8%的胜率。
- 相对于对抗多个玩家，对抗一个玩家时分析牌面简单得多。
- ♣ **控制下注**。我在加注的同时也在向对手传达：我有很大的意愿去赢得这个彩池，在翻牌后，我会继续用下注捍卫我的强硬形象。通过加注，我获得了牌桌的话语权，如果对手想赢下彩池，先要过我这关。

在朋友圈的游戏中，我经常听到"让牌到加注的人"这句话，当我翻牌前加注时，我非常希望我的对手抱着这种心态。

- ♦ **更容易评估对手的底牌**。假设我在翻牌前是平跟进去的，大盲注玩家选择让牌，他可能拿着任意两张牌。
- 他是不是用K-Q这样的强牌在让牌？
- 他拿着7-2？
- 也许他是3-3？

但是如果我在翻牌前加注，大盲注玩家跟注，我有信心可以排除1/3到1/2的可能性。

- ♦ **为对手判断我的牌力增加困难**。那些只加注强牌、平跟同花连牌或小口袋的玩家暴露了太多的信息。如果我一旦确定对手采用这个策略，他们平跟时我就会加注，大部分情况下他们都会弃牌。

如果拿到同花6-5或A-A时我都选择加注，我就非常有效地隐藏了我的牌力。

- ♦ **赢得盲注**。打开彩池的加注经常会帮助我赢得或者偷得盲注

2
翻牌前

而不用看翻牌。我喜欢偷盲注！我是靠偷盲注而赢的，偷盲注是我在比赛中获胜的关键。

平跟

我不热衷于平跟进入彩池的原因在前面已经描述过了，但还是有一些伟大的玩家喜欢平跟，并用这个策略取得了令人瞩目的成功。丹尼尔·内格里诺（Daniel Negreanu）、古斯·汉森，埃里克·林格伦（Erick Lindgren）这些世界级玩家都喜欢平跟。就像我多次说的那样，成为一个优秀玩家的途径有很多。

我认为在某些局面下，翻牌前平跟要比加注更好：

♠ **我的底牌很强，而且我观察到，如果我平跟，我后面的对手会加注**。当牌桌上有喜欢把把加注的"疯子"，或者面对一个随时都可能全下的小筹码玩家，平跟都是非常有效的策略。

♠ **盲注玩家在翻牌后较弱**。如果我认为我翻牌后的牌力优于对手，可以考虑把他们留在彩池中诱使他们犯错误。举例来说，面对喜欢翻牌后下大注的盲注玩家，我会在中后段位置平跟进去。我放弃了翻牌前的弃牌机会，获得了翻牌后更合适的隐含赔率（请看本书第126页的"彩池赔率和隐含赔率"）。

♠ **平跟会帮助我欺骗对手**。偶尔用强牌平跟会造成对手的疑虑，当我用边缘牌平跟时对手会担心我有强牌。如果他们吃过这方面的亏，那么下次我平跟他们就不敢反加注了。

我发现，平跟的最佳效果是：用强牌平跟一次，要用边缘牌平跟四次。为什么呢？因为数学。

假设，当我平跟时对手会加注5倍大盲注打跑我，按照上述4∶1的比率平跟，面对对手的加注，五次中的四次我会扔掉我的边缘牌，我一共会损失四个大盲注。但是，第五次我会做一个强烈的反加注立即赢下彩池，我会获得他的加注，即五个大盲注，减去四次的损失，我还会净收益一个大盲注。

比率	20%	20%	20%	20%	20%
行动	平跟	平跟	平跟	平跟	平跟
	弃牌	弃牌	弃牌	弃牌	反加注
结果	损失1	损失1	损失1	损失1	收获5

净收益 = + 1

加注正确的数量

如果在翻牌前我是第一个打开彩池的人，我一般都会选择加注。在我刚开始玩德州扑克的时候，我会加注3倍大盲注。对于初学者，我仍然建议这么做。但随着技术的进步，我找到了一种比标准3倍大盲注更有效的加注方式。

我的位置	加注
前段位置	2.5～3倍
中段位置	3～3.5倍
后段位置	3.5～4倍
小盲注	3倍

2
翻牌前

根据位置变换加注方式的原因有很多：

- ♥ 在我没有好位置时我可以投入更少的筹码。
- ♥ 如果我拿到超强的底牌，我在前段位置的小加注会引诱一些玩家与我对抗。
- ♥ 后段位置的大加注会给彩池中的玩家压力，迫使他们弃牌，而且也会为盲注玩家反加注设置障碍。
- ♥ 当我位置好的时候，彩池中会有更多的筹码。

我不会根据牌力的强弱变换加注的大小，每次都加注相同的倍数会阻止对手通过我加注的数量读出我的底牌，他们不会知道我是在用J-8同花偷盲注还是在用口袋A寻找猎物。

翻牌前加注，在某种程度上是为了限制对手进入彩池。如果我发现加3倍大盲注没有明显效果，还有很多对手跟我，那我就会缩紧起手牌范围，并且加3倍大盲注以上的注。我曾经玩过标准加注是10倍大盲注的游戏。

跟注平跟的玩家

虽然我不喜欢成为第一个平跟进入彩池的玩家，但是对于很多底牌我都乐于跟注那些平跟的玩家，特别是在我位置好的时候。

我喜欢用那些不容易被主导的牌跟注。在中段或后段位置平跟的玩家不太可能拿着强大的口袋牌，所以我的同花连牌（8-7、7-6等）和同花隔牌（8-6、7-5等）不容易被主导。也因为对手不太可能有强对，所以彩池一般不会太大。我不喜欢用小牌玩大彩池（请看本书第15页"大牌大彩池，小牌小彩池"）。

跟注平跟玩家的大部分收益来自我的位置优势，剩下的收益来自多人参与的大彩池（大部分盲注玩家也会看翻牌）。一般来说，如果有机会平跟进入彩池，对抗三到四个玩家，我会选择这样的底牌：同花Ax、同花连牌、中小对牌。

另一方面，我发现像Q-J、Q-T、Q-9、Q-8、J-T、J-9和T-8这样的底牌在上述情况下很难处理。我必须回忆对手的打牌方式，他们可能拿着什么样的牌？他们没有强到要加注，也没有弱到要弃牌，他们可能拿着K-Q、K-J、K-T、Q-J、Q-T或K-9这样的牌。如果翻牌后我形成了顶对和弱踢脚[1]（边牌），我会损失很多筹码；如果翻牌后我有一对，我希望我是唯一有一对的玩家。

♦ 有好位置时，平跟一个加注

在我刚开始玩德州扑克的时候，有一次我参加了一个买入很小的现金局（Cash Game）。我在枪口位置拿到了A-K同花，加注到3倍大盲注。其他人弃牌到按钮玩家，他跟注，两个盲注玩家弃牌，我看到有人跟我的A-K同花，我非常开心。

翻牌是J-8-5彩虹牌，我感觉不爽。这件事很快让我意识到在位置不好的情况下玩德州扑克有多么难受。世界上的优秀玩家在玩德州扑克时都讨厌位置不好，翻牌后先说话实在太难玩了。

---

[1] 戴夫·福林（Dave Foley），我在"明星扑克大赛"的搭档主持，创造了一个新词"踢踏舞"来描述弱踢脚。每次他说这个词时我都会发笑。相反，他管强踢脚叫"大腿舞"。

2
翻牌前

当一个玩家加注，其他人都弃牌到我，我选择跟注的起手牌范围很广。我希望我的对手感到难受，我想要他们不舒服。

当我选择跟注时，我更愿意用8-6同花这样的牌，而不是A-6这样的牌。用A-6跟注，如果被对手主导将会失去很多筹码。但是用8-6同花跟注，对手不太可能有8或者6，除非他有比8更大的对牌，否则我都很好处理。在这种情况下，有三件事会让我很开心：

- ♣ 对手完全错过了翻牌，让牌到我，我下注拿下彩池。
- ♣ 大约每三十次有一次我会拿到两对或更好的牌。
- ♣ 我拿到了一手抽牌并获得了合适的赔率。

我发现，在比赛中期，如果一个中筹码的中后段玩家加注，我在按钮位置跟注会格外有效。特别是面对那种翻牌后没牌就让牌、有牌就下注的玩家，这种打法非常管用。

小盲注的打法

如果所有人都弃牌到我，我是小盲注，有很多因素要考虑：

- ♦ 我只面对一个玩家。
- ♦ 翻牌前和翻牌后我的位置都不好。
- ♦ 我已经下了半个大盲注。

因为我位置不好，所以即使面对菜鸟，我也必须接受我是在负期望值的情况下玩牌的事实。因此，在小盲注时，我的目标是减少损失。

此时要考虑的首要因素是我的对手。在锦标赛早期，如果有机会我会平跟一下,去看看大盲注玩家怎么办。处于大盲注位置,很多玩家(包括我)在面对小盲注玩家想便宜看牌时无论有牌没牌都会加注。在盲注变大和底注出现之前,我希望知道对手是否有上述习惯。

如果我的对手是一个非常优秀的玩家,我会经常弃牌。位置不好时,从优秀玩家那里赢得筹码可不容易。

——没有底注——

如果游戏中没有底注,彩池中只有大盲注和小盲注,我通常采取保守策略,我60%~65%会玩的底牌是:

- ♠ 任何Ax。
- ♠ 任何口袋。
- ♠ 所有的同花Kx,大部分的不同花Kx。
- ♠ Q-6以上,如Q-8。
- ♠ J-5以上[①],如J-7。
- ♠ 大部分小同花连牌。
- ♠ 大部分小同花隔牌(6-4、7-5)。
- ♠ 一些杂牌。

如果我选择玩这手牌,大约75%的情况我会加注,一般我会加到3倍或3.5倍大盲注。

其余25%的情况我会平跟,当我跟注时,我会确保四次里有一

---

① Q-6和J-5,中间隔五张牌,是允许双向抽顺的最大间隔。Q-6,翻牌是T-9-8;J-5,翻牌是9-8-7。

2
翻牌前

次我会用强牌跟注。有了这个3：1的比率，即使大盲注玩家回回都加注，我也不吃亏。

假设，每次我在小盲注补平大盲注，我的邻居都会加2倍大盲注。四次里有三次我都是弱牌，我会选择弃牌，每次输掉1/2的大盲注。但是四次里有一次我会用强牌反加注拿下彩池，赢得两个大盲注。

小盲注平跟大盲注列表

比 率	25%	25%	25%	25%
我的底牌	弱	弱	弱	强
行 动	平跟 弃牌	平跟 弃牌	平跟 弃牌	平跟 反加注
结 果	损失 1/2	损失 1/2	损失 1/2	赢取 2

如果锦标赛到了有底注的阶段，我在小盲注，所有人都弃牌到我，我会玩大约95%的底牌。普通底牌我75%会加注，较弱的底牌我15%会平跟，较强的底牌我5%也会平跟，剩下的超级垃圾牌我会弃牌。

在小盲注位置玩牌非常难，需要很多经验，我能少输点就满意了。

从大盲注加注

所有人弃牌到小盲注，小盲注补平大盲注，如果我是大盲注我会考虑用任意两张牌加注。不光是因为小盲注位置不好，还因为即使他跟了我的加注，他也要击中翻牌才能继续玩下去。

但是，如果小盲注玩家很狡猾，我也会经常用小口袋这样的牌选择让牌，我可不想一旦我加注，被对手用反加注打跑。

在这种情况下，如果我的打法起到了效果，我从来不会亮牌。我希望小盲注玩家总认为我有好牌。

加注平跟的玩家

加注平跟的玩家是我玩德州扑克时特别喜欢的打法。

经常可以看到这样的场景：一个前段位置玩家平跟，他后面的玩家跟注，轮到在后段位置的我行动。

我会尽可能地惩罚这些翻牌前平跟的玩家。如果他们很弱，我会让他们为用弱打法玩弱底牌付出代价。

平跟的玩家底牌能有多好？跟注的那些玩家又如何？我觉得都不怎么样，一个加注经常会直接拿下彩池。

勇气是玩德州扑克的关键。赢得彩池不一定要靠好牌，良好的大局观、谨慎的形象，再加上一点点勇气就足够了。

当我采用这个打法时，我会加注一个彩池。如果有三个玩家平跟进入彩池，彩池中会有4.5倍大盲注（三个平跟的玩家，一个小盲注和一个大盲注），所以我会加注5~6倍大盲注。

如果有人跟了我的加注，我会对他们的底牌有个大体的判断，至少我获得了在好位置玩牌的优势。

很多玩家明白我的用意，但因为我有好位置，他们跟注或反加注都是错误的打法。

夹心三明治玩法

我们假设有一个前段位置玩家，最好是松手玩家，他加注，一个或几个玩家跟注。彩池中有很多筹码，更重要的是，那些跟注玩家的底牌不太可能值得反加注。如果值得，他们就会这么做了。现在到我行动了。

我会用一个大加注把跟注的玩家变成"三明治"。

如果我加注，只要最开始加注的那个玩家弃牌，夹心中的肉片很可能就会送到我的嘴里。

相比于按钮位置，我更喜欢在盲注位置采用这个玩法。如果我在按钮位置采用这个玩法，一旦盲注玩家之一碰巧有一手强牌，无论最开始加注的那个玩家拿着什么都无关紧要了，我将鸡飞蛋打。

比赛中，在我的筹码下降到15个大盲注时，夹心三明治玩法是非常好的玩法。假设我在小盲注位置，一个松手玩家在前段位置加了3倍大盲注，两个玩家跟注。现在彩池中有11.5个大盲注，我的底牌是9-7同花，我加注到全下。

这时，最开始加注的那个玩家一定会为是否跟这个大加注绞尽脑汁。即使我运气不好，他有一手大牌，我们假设是A-K，他决定跟我的全下，我的情况也不太坏。我的9-7同花在面对A-K时仍然有41%的胜率。我投资15个大盲注，有机会获得37个大盲注，这个赔率对我来说非常合适。

我不会用那些容易被主导的牌玩这种打法，比如A小牌或K小牌，我不想在只有25%胜率的情况下与对手拼命。因为我选择了全下，我的位置劣势全然消失了。我的所有筹码都在彩池中，翻牌后发生什么与我无关了。

从开关位置偷盲注

《全职浪子》（Swingers）是我最喜欢的电影之一，其中有一个场景非常有意思，麦克（乔恩·费儒饰）询问他的朋友多久给他刚遇到的美女打电话比较合适。

麦克：明天？

特伦特：不……

苏：明天，再等一天。

特伦特：是的。

麦克：也就是说，两天？

特伦特：是的，我觉得那时候你打电话比较合适。

苏：没错，两天，这是惯例……

特伦特：我过去就是等两天，现在人们都等两天，三天最有

2
翻牌前

型，你不觉得吗？

苏：是的，但是两天已经足够表现得不那么上赶着了……

特伦特：是的，但是三天最有型……

拿捏给美女打电话的时间和翻牌前偷盲注是一回事。从按钮位置偷盲注已经成了惯例，现在，盲注玩家用反加注偷回去都已经很普遍了。

我喜欢在开关位置[①]偷盲注，甚至是开关位置右手边的位置，而且偷盲注的次数是我在按钮位置时的两倍。当然，如果我的对手是紧弱型玩家，我还是会从按钮位置偷盲注的。话说回来，每个人都在按钮位置偷盲注。

开关位置最有优势。

翻牌前主导

我们说一手牌主导另一手牌指的是两人底牌中点数大的那张相同，但是踢脚一个比另一个强，也就是"大腿舞"对"踢踏舞"。在翻牌前避免被主导是德州扑克取胜的关键。

举例来说：

A♣K♦ vs A♥Q♠

A-K的胜率有74%，完全主导A-Q。

[①] 开关位置：指的是按钮玩家右手边第一个玩家的位置，也叫关煞位置。

对比这种情况：

A♣K♦ vs 7♥2♠

A-K面对德州扑克里最差的牌，胜率只有67%。

或者：

A♣K♦ vs Q♣J♦

A-K有65%的胜率，优势不到2：1。

这些例子告诉我，我最好在主导对手时进入彩池，至少不要被主导。这就是为什么很多高手经常后悔玩A-Q、A-J、K-Q这样的牌。

与A-J相比，我更愿意拿着8-7同花这样的牌全下。你觉得我疯了？下面是电脑模拟的结果：

用8-7同花对抗A-A、K-K、A-K、A-Q不同花，A-K、A-Q同花，8-7同花大约有32%的获胜概率。

换成A-J对抗相同的牌，A-J只有25.7%的胜率。

有一点可以记一下：一旦下注数额大于筹码的1/3，如果我知道（或至少非常相信）我没有被主导，那么赔率支持我全下。

别人加注时如何玩强牌

对手在翻牌前加注了，如果我的底牌很强，我应该反加注还是跟注？

这时我要考虑下列因素：

♥ 我的位置好吗？

如果我的位置好，我非常喜欢跟注；如果我的位置不好（比

2
翻牌前

如我是盲注），我喜欢反加注以便立即拿下彩池。这样我的位置劣势就不存在了。

♥ 我的对手强吗？

如果在翻牌后我很容易就猜出对手的意图，那么我会选择跟注；但是如果我面对的是一个优秀的玩家，我更愿意加注，设法在翻牌前立即拿下彩池。

翻牌后，对手可能拿到的牌有很多种，他装作拿到的牌种类更多。面对一个狡猾的对手，翻牌前做决定要简单得多。

♥ 对手的牌有多强？

如果我认为我的对手是A-K或大口袋（K-K、Q-Q、J-J），而我拿着A-A，我会反加注。对手会用那些牌迫不及待地反加注到全下，我也会迫不及待地跟注。

如果我的对手拿着K-K、Q-Q、J-J，而翻牌出现了更大的牌，他们不会下注太多，除非他们拿到了恐怖的暗三。

♥ 他们喜欢怎么玩牌？

面对喜欢翻牌后下注的松凶型玩家，我经常会在好位置平跟，准备给他们挖坑。

如果我的对手喜欢在只有一对的情况下投入大量的筹码，我经常会跟注，设法用我的超对狠狠敲他们一笔；如果我有A-K，我的对手是喜欢拿着J-J或更小的对牌第三次加注的玩家，我会选择跟注；如果我认为我的对手是那种经常拿着A-Q或A-J玩到底的玩家，很明显，我会选择反加注。

♥ 我的牌有多强？

拿着K-K和Q-Q，我通常会反加注。如果我的牌是口袋K，翻牌出现一个A的概率大约是17%；如果我的牌是口袋Q，翻牌出现A或K的概率大约是35%。因此，与跟注并设法在翻牌时挖坑相比，反加注要好得多。

♥ 我还有多少筹码？

如果我的筹码比对手少，与筹码多时相比，我会更多地反加注。我希望对手认为他能把我清空而他自己却不必破产。

当我选择反加注时，如果对手加注到3倍大盲注，我会用对手加注数量的3～4倍加注，即9～12倍大盲注。

如果我在盲注位置反加注，我会选择对手加注数量的4倍。这时我的位置不好，我希望立即拿下彩池。

翻牌前全下

翻牌前全下是德州扑克中最有力的打法，当然，也是最危险的打法。但是，在下面的情况下，我认为全下永远不会犯错：

- ♣ 我的牌较好并且我认为对手会跟我。
- ♣ 我的牌较差，但我认为对手会弃牌，而且彩池也值得我偷一把。
- ♣ 我的牌较差，但即使对手跟我的全下，我也会获得合适的彩池赔率。
- ♣ 我的牌较差，但对手遇到全下会弃牌。我从彩池中的筹码那里获得了"弃牌收益"。

2
翻牌前

♣ 无论对手拿着什么牌，我都会获得合适的彩池赔率。
♣ 我的牌较好，无论我下多大的注，对手跟注都会有合适的彩池赔率，只有全下才能把他吓跑。

知道玩家什么时候被彩池套住[①]了

在翻牌前，如果一个玩家把筹码的一半以上扔进了彩池，我可以确定他100%被彩池套住了。如果有机会，他会在翻牌前把剩下的筹码都扔进彩池；如果没有机会，他很可能用剩下的筹码试图在翻牌后拿下彩池。

遇到这样的情况，我几乎永远不会在翻牌前诈唬，我也很少在翻牌后诈唬。既然他不可能弃牌，诈唬还有什么作用呢？

在只有1/3筹码进入彩池并且已经知道自己被击败的情况下，优秀的锦标赛玩家会扔掉自己的底牌。但是不管一个玩家多优秀，如果他的2/3筹码已经在彩池中，他仍然选择弃牌，永远都是错误的打法。

反加注拣选法

我经常加注一个小筹码玩家，设法把他拣选出来与我单挑。

看下面的例子：我的筹码是40个大盲注，在按钮位置拿到了

---

① 被彩池套住：指的是玩家因为下注过多导致无法弃牌。

A-J，前面的玩家都弃牌到我，我加注到3.5倍大盲注。同样有40个大盲注筹码的小盲注玩家选择跟注，大盲注玩家用他最后的7个大盲注筹码选择全下。

现在彩池中有14个大盲注筹码，我需要另外3.5个大盲注才能跟注，我获得了4∶1的彩池赔率（请看本书第126页"彩池赔率和隐含赔率"）。除非他们拿到了A-A，否则我的胜率都会比25%要高。很明显，这时我应该跟注。

但是，我要考虑，如果我决定跟注了，小盲注玩家会怎么办呢？彩池为他提供了5∶1的赔率，他肯定愿意用3.5倍大盲注参与一个17.5倍大盲注的彩池。无论他拿着什么底牌，他都值得跟注，而且他很容易在翻牌后领先于我。

更好的打法是反加注，小盲注玩家的底牌不会好到可以反加注我的程度，所以如果我再加注他很可能会弃牌。一旦我能迫使小盲注玩家弃牌，我就已经成功地把大盲注玩家拣选了出来，这会增加我的胜率，而且，我还获得了4∶1的彩池赔率。

这种打法的另一个好处是：即使大盲注玩家这手牌赢了，他也不会获得小盲注玩家原本想加到彩池中的3.5倍大盲注。使一个玩家处于小筹码状态是一个好策略。

在现金局或锦标赛中期这种反加注拣选法是非常实用的策略，但是，在锦标赛后期这种打法可能会有问题，有很多理由支持应该让小盲注玩家也进入彩池（请看本书第115页"比赛后期的心照不宣"）。

2
翻牌前

🎯 对牌在多路彩池中

在2002年的WSOP中，我参加了一个5000美元买入的德州扑克赛，有一手牌我现在还记得。当时的盲注还在第一等级（25/50个），玩家的筹码都在起始量5000个左右。三个玩家平跟进入彩池，我在后段位置拿到了9-9。

我当时强烈地感觉到我的牌最好，如果我加注到300个，我很可能立即拿下彩池。但是，我仅仅选择了跟注。小盲注玩家补平大盲注，大盲注玩家让牌，彩池中有六个玩家，翻牌是：

A♠J♠9♦

大盲注玩家让翻牌后天下大乱。在我行动前，下一个玩家加注到300个，第二个玩家跟注，另一个玩家竟然加注到1500个！我在翻牌后拿到了暗三，没有理由不全下。那个加注到1500个的玩家跟了我，亮出来A♦J♦。我带着78.7%的胜率坚持到了最后，我一下子赢了12 000个。

如果在翻牌前我加注了，我只会赢得区区的225个，相对于我5000个的筹码只是一个零头。当我拿到小口袋（2-2到6-6）和中口袋（7-7到J-J）时，进入彩池越便宜越好，面对的玩家越多越好。我希望我翻牌拿到一个暗三，最好有对手也拿到好牌（但是是第二好）。在这种情况下，要么我输掉一个小彩池，要么我赢得一个大彩池。

翻牌后

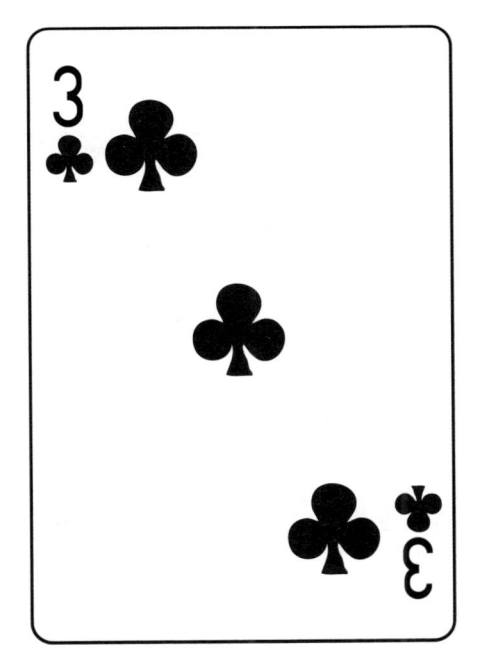

多桌锦标赛冠军T. J. 克劳迪亚（T. J. Cloutier）曾这样评价德州扑克："如果翻牌没帮助我，就没我的事儿了。"基本上，我同意这个说法。

一旦翻牌发出来，我就看到了可能的七张牌中的五张。虽然还有两张牌没发，但是我最终能拿到什么大体定型了。这时，基本上我只要考虑两件事：

♠ 我应该下注吗？

♠ 如果下注，应该下多少？

做这两个决定时有很多因素要考虑，但是更重要的，甚至比我手里的牌还重要的是：

♠ 我的对手可能拿着什么牌？

一旦我能确定对手的底牌，我要做的就是使他犯错误，比如：

♠ 扔掉比我更好的牌。

♠ 用比我更差的牌跟注。

♠ 当他们拿着差牌或抽牌时不会下注或加注。

翻牌后，几乎我的每一个决定都是希望对手犯上述的错误。

先下手为强

翻牌时，如果牌桌上发出了ABB牌型[①]，有人真的"咬到一口"

[①] ABB 牌型：指的是翻牌的三张牌中有两张是相同的，如 K-4-4、8-7-7。

3
翻牌后

的概率要远远小于三张不同的翻牌。我发现,在这种情况下,先下手的人通常会赢得彩池。

如果翻牌发出下列的牌,无论我手里拿着什么,一般我都会领先下注:

6-6-4

9-9-2

T-3-3

K-6-6

K-K-6

当我在盲注位置对抗平跟玩家时,这种打法特别有效。盲注位置更容易让人相信我的底牌在翻牌后形成了三头。

当翻牌出现对子时,我喜欢下注1/3~1/2彩池。我发现,如果小于1/3或大于1/2彩池,对手会觉得我在诈唬,然后对我进行加注。

如果我击中了翻牌,我也会下相同数量的筹码。有东西时我下注,没东西时我也下注,这会让对手在面对我时无所适从。

如果牌桌上有两张相同花色的牌,在诈唬时我会更加保守点,在下注时我会更加凶点。

翻牌后的单挑

在德州扑克中,多人进入彩池的情况比较复杂,我更喜欢简单一点。我在一个九人或十人的牌桌上,翻牌前我通常会瞄准一个玩家,形成单挑的局面。

单挑要简单得多，因为如果我是第一个进入彩池的玩家，我喜欢选择加注，这样我就可以用下面的规律分析每一次单挑对抗：

♥ 无论我的底牌是什么，如果我以紧凶型玩家的形象加注，对手应该会相信我有一手好牌（如果我没有紧凶型玩家的形象，我要慎重一些）。

♥ 底牌不是口袋牌的玩家在翻牌后拿到一对或更好的牌的可能性只有1/3。

♥ 底牌是口袋牌的玩家在翻牌后拿到暗三或更好的牌的可能性是1/8。

单挑时可能遇到的情况一共有六种：

1. 翻牌前我是第一个进入彩池的玩家，我做了标准加注。一个比我位置更好的玩家跟注，两个盲注玩家弃牌。

D：按钮；Opp：对手；Me：我

3
翻牌后

因为翻牌前我加注了，按照我的习惯，翻牌后我通常会继续展现我的强硬。我有大约65%的可能会做一个所谓的"连续加注"。

有35%的可能翻牌后我会拿到一对或更好的牌，有10%～15%的可能翻牌后我会拿到某种抽牌，这两种情况我都会做大约半个彩池的加注。还有15%～20%的可能，虽然翻牌后什么都没拿到，但我还是会做一个连续加注。

别忘了，我的对手只有35%的可能在翻牌后拿到一些好牌，除非他翻出某种超级抽牌，否则他一般不会获得适合抽牌的彩池赔率（3∶1）。

如果我有65%的可能用半个彩池的筹码成功赢得一个彩池的筹码，那么每这么玩10次我会获得1.5个彩池的筹码。因为我投资10次半个彩池的筹码，或者说我投资5个彩池的筹码，我可以收获6.5个彩池的筹码。

2. 我在翻牌前加注，一个位置比我差的玩家跟注。

我不喜欢慢玩。如果对手让牌（这是他们错过翻牌的信号），我有85%的可能会下注。如果对手喜欢Check-raise我会玩得小心点，他们让牌时，我有65%的可能会下注。

3. 一个玩家加注，我在较好的位置跟注。

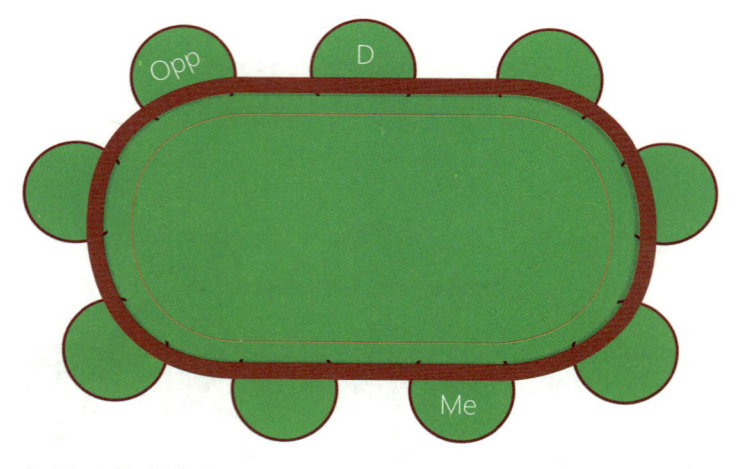

如果对手让牌到我，要么他们错过了翻牌，要么他们在挖坑，我有50%的可能会下注。

如果我在翻牌后拿到了两头顺子抽牌，我很少会下注，特别是面对一个喜欢Check-raise的玩家。我会利用这个机会在转牌时看一张免费牌。但如果我拿到较难成牌的单张卡顺，我反倒更喜欢在翻牌后用下注拿下彩池。同花抽牌的情况也一样，如果我在转牌后即使成牌了也不能获得很大的回报，我会在翻牌后直接下注。

3
翻牌后

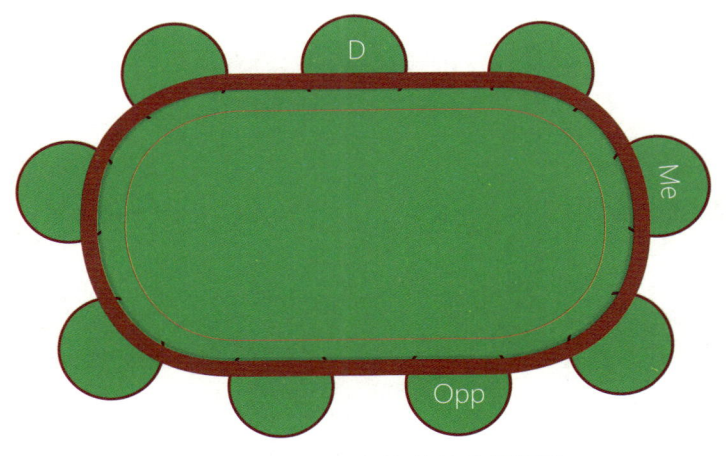

4. 翻牌前一个玩家加注，我在较差的位置跟注。

这种情况几乎不值得考虑，因为很少发生。我讨厌、很讨厌、非常讨厌在位置不好的时候玩德州扑克。当我位置不好时，我通常会选择那些投机牌（小对、中对或同花连牌）跟注，这种牌没击中翻牌很容易被扔掉，一旦击中了就非常厉害。如果我击中了翻牌，我会下大注，希望对手反加。

5. 小盲注平跟，我在大盲注让牌。

我在大盲注，相对于小盲注更好。如果翻牌后小盲注玩家让牌，即使我没有好牌，我也有75%~80%的可能会下注。

6. 翻牌前一个玩家平跟，小盲注玩家弃牌，我在大盲注让牌。

与上面第三种情况类似，翻牌后我有65%的可能会下注。一般我会下得少一点，因为对手很可能较弱，跟我的概率不大。我有10%~15%的可能会Check-raise，虽然拿到值得Check-raise的牌不太容易，不过，如果我拿到这样的牌，我有75%的可能会Check-raise。如果翻牌后我形成了大对或小对，我很可能会下注，但是如果是J-J、10-10或9-9，我会让牌，因为对手很可能拿着中等牌平跟。

♣ 对抗多个玩家

翻牌后面对很多玩家时，一切都将变得更困难。诈唬更难奏效了，因为人更多了，对手拿到好牌的可能性也变得更大了。翻牌前对彩池的竞争激烈，翻牌后也好不到哪儿去。彩池越大，风险越大。

下面是我对抗多个玩家的一些建议：

- ♣ 翻牌后，我很少做纯粹的诈唬。如果我错过了翻牌，即使其他人都让牌到我，我也不会采取行动。彩池中的玩家越多，我诈唬的成功率就越低。

- ♣ 如果我认为我有最好的牌，我几乎总会下注。在多路彩池中，我一般不会慢玩。我下注后，希望有人可以对我加注。

- ♣ 在多路彩池中下注即使不能立即赢得彩池，也可以减少彩池中玩家的数量。在面对很多玩家时，我不指望可以立即赢得彩池。

- ♣ 在多路彩池中，过度使用Check-raise会事与愿违，与Check-raise相比，我更倾向于直接下注。

- ♣ 如果中间行动的是小筹码玩家，我更喜欢选择Check-raise。请看下面的例子：我在大盲注位置拿到6-6，两个玩家平跟进入彩池后我看到了免费的翻牌，翻牌后我第一个行动。翻牌是K♦Q♥6♦。我左边的玩家筹码很少。如果我下注并且短筹码玩家有一

3
翻牌后

手好牌的话，他会跟注，那么最后行动的玩家跟注的话就会获得合适的赔率，而我就没有机会向第三个玩家施压了。如果我让牌，小筹码玩家全下，最后的那个玩家将会非常难以抉择。很可能，他会跟，设法淘汰小筹码玩家。这正是我Check-raise的好机会，即使第三个玩家被我打跑了，他已经扔进彩池中的筹码也跑不了。

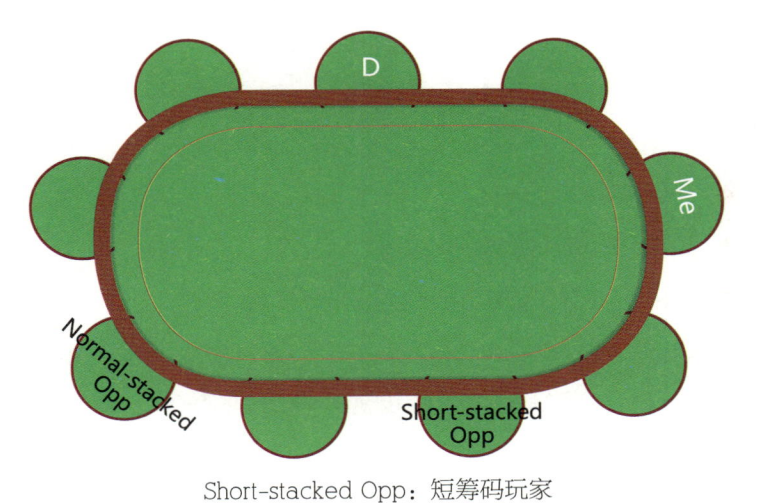

Short-stacked Opp：短筹码玩家

Normal-stacked Opp：中等筹码玩家

♣ 如果后面行动的玩家筹码很少，我几乎不会Check-raise或Check-call，我不想落入中间玩家的圈套。当有短筹码玩家在我后面时，如果我想参与这个彩池的竞争，我会领先下注。

🎲 封锁下注

　　假设我在翻牌上拿到了同花或顺子抽牌，我让牌，对手加注到一个彩池。如果我跟注的话，我只有2∶1的彩池赔率，但是，在转牌上我抽牌成功的概率不到20%。我不得不弃牌，对手用一个漂亮的加注把我吓跑了。

　　有时，如果我在翻牌上拿到了较好的抽牌，我会领先下一个小注，希望可以封锁对手的下注数量。这种打法特别适合对付下列玩家：

- ◆ 加注很犹豫的玩家。
- ◆ 倾向于慢玩成手牌的玩家。
- ◆ 如果我让牌，喜欢下大注的侵略性玩家。

　　如果我领先下注1/4彩池，我的对手跟注，我会获得5∶1的彩池赔率。换句话说，我的下注不仅让我获得了很好的赔率，还使我的对手犯了下注不够的错误。

　　如果我的小下注并没有奏效，对手选择了反加注，下次再遇到这种情况我会下得更大些。

🎲 双卡槽抽顺

　　相比于前后抽顺（open-ended straight draw），我更喜欢双卡槽抽顺（double gut-shot straight draw），双卡槽抽顺对手更难读牌。

3
翻牌后

举例来说，如果牌面像这样：

Q♦9♠4♣

当转牌出现一个8，大部分对手把筹码扔进彩池时都会非常谨慎，他们会担心（这是正常反应）我用J-T形成前后抽顺。

但是如果牌面是这样：

J♣8♠5♦

如果我的底牌是9-7，得益于我的双卡槽抽顺，虽然我仍然有八张抽牌（四张10和四张6），但是对手可能就不会太在意。在这个例子中转牌出现一张6要远比在上个例子中出现一张8隐蔽得多。

双卡槽抽顺的小问题是：我的出牌可能也会让对手形成更高的顺子。在上面的例子中，一张10会让我在转牌后形成顺子，但是如果有人有Q-9，他就会形成比我更大的顺子，这是我需要小心的一点。

可以一战的牌

我不一定总需要一手成牌才能"大战一场"，一手非常好的抽牌通常就足够了，特别是面对只有一对的玩家。在下列的情况中，我有50%以上的可能会形成强大的成手牌，因此翻牌后我会玩得比较有侵略性。

我的对手	我的牌	桌面上	我的胜率

花顺双抽：

| A♠K♦ | J♥T♥ | A♣9♥8♥ | 56.3% |

同花抽牌带单张超牌：

| K♠Q♦ | A♥T♥ | K♣9♥8♥ | 47.2% |

抽顺，后门同花抽牌带两张超牌：

| 8♠8♦ | K♥Q♥ | J♣T♦2♥ | 55.3% |

带对抽花（与对手不同的对）：

| A♠K♠ | Q♥7♥ | K♥Q♣3♥ | 50.1% |

面对一对时用这些牌全下或跟注全下都是错误的，但是，采取有侵略性的打法是正确的。领先下注会使我有两个获胜方式：对手弃牌或抽成牌。

因为拿到强大抽牌时我喜欢玩得凶些，所以一旦我形成强大的成牌，彩池中的筹码会很多。对手很难判断我仅仅有一手抽牌还是拿到了坚果牌。如果他认为我仅仅有一手抽牌，我就可能赢得一个大彩池；如果他认为我已经拿到了坚果牌，他就不敢和我继续玩了。

牌面结构

在翻牌或转牌时，当我考虑我的行动时，我会认真观察牌面结构（发出了什么牌？发出的牌会对对手的底牌有什么影响？）。观察能帮助我决定是否应该下注，如果下注应该下多少。

一般情况下，我的下注范围在1/3彩池到一个彩池。牌面的结构会指引我在这个范围内进行选择。

♠ 相对于对手的牌我的牌有多强？

如果我的牌较强，我通常会选择下注范围内的下限，下注1/3彩

3
翻牌后

池，因为我希望对手跟注；

如果我的牌一般，我通常会下注2/3彩池，设法使对手扔掉较好的牌或者跟注较差的牌；

如果我的牌较弱，我通常会下注一个彩池，设法使对手扔掉比我更好的牌。

♠ 我的牌能变得更强吗？

如果我的牌不太可能变得更强，我会下注1/3彩池以上，设法立即拿下彩池；

如果我的牌变得更强的可能性一般，比如说15%～20%，我会下注2/3彩池；

如果我的牌很有可能变得更强，比如概率34%以上，我会下注半个彩池。

♠ 对手在翻牌上拿到一对或一对以上的牌的可能性有多大？

如果对手不太可能在翻牌上拿到一对或更好的牌，我有没有好牌都会下注1/3彩池；

如果对手非常有可能拿到一对牌，但我有更好的牌，我会下注2/3彩池；

如果对手非常可能拿到两对或更好的牌，但我有更好的牌，我会下注一个彩池，而如果我不认为我的牌更好，我一个筹码也不会下。

♠ 对手有多大可能拿到了优质抽牌（八张以上的出牌）？

如果我认为对手可能拿到了优质抽牌但我的牌更好，我会下注一个彩池；

如果我认为对手拿到了优质抽牌且我的牌较弱，我几乎不会下注。

上面提到的四个考虑因素会导致下注数量有很大的差异，综合考虑，我给出了上述的下注数量。经过一段时间的练习，不同牌面下注多少，我会变得不假思索。

♠♥ 下注好牌

翻牌后拿到好牌我总是会领先下注。对手加注我的理由有很多，可能因为他们考虑到我的形象，可能因为他们想弄清楚我到底有什么牌，可能因为他们不想给我一张便宜的抽牌。当我有能力反加注时，我没有理由Check-raise。

如果对手拿到了顶对或者超对，而我拿到了暗三，这时候特别要注意。我们假设对手翻牌前用A-A、K-K、Q-Q加注，而我用小口袋平跟进去，比如说口袋6，翻牌是9-6-2，我拿到了三头。如果我领先下注半个彩池，对手很可能全下，这时我会毫不犹豫地跟注，我的赢面非常大，因为他们的牌力很难再进一步了。

♠♥ 翻牌拿到两对

翻牌拿到两对值得庆祝，至少可以下注或加注，我一般都会看看转牌。事实上，我根本不记得面对一个玩家时我曾在翻牌后扔掉过两对，除非三张翻牌花色相同。

不是所有的两对都一样的，两对有三种不同的形态：顶两对，高低两对，底两对。这三种两对都有它们自己独特的价值和策略。但是无论哪种形态，有一点是相同的，就是在两对的基础上再提高牌力非

3
翻牌后

常难,两对只有略高于17%的概率能拿到葫芦。也就是说,我需要在拿到两对时就拿下彩池。

——顶两对——

如果拿到顶两对,我会尽量多下筹码。我几乎可以确定我有最好的牌,因为对手只有很小的可能在翻牌后拿到底暗三,更小的可能(考虑到我的两张牌)是拿到顶暗三或中暗三。

更好的情况是对手在翻牌后拿到了顶对并且没有顺子或同花抽牌。在这种情况下我几乎不会输,很可能会赢得一个大彩池。

下面是可能遇到的情况以及我的胜率:

我	对手	翻牌	我的胜率
A♣T♦	A♦Q♦	A♥T♣4♥	85%
J♣T♦	K♦Q♥	J♥T♠3♣	68%
J♣T♦	A♦A♣	J♥T♠3♣	73%
J♣T♦	4♠4♣	J♥T♠4♦	17%

如果我形成顶两对的两张牌在大小上很接近,那么我会加注得更多,因为对手存在形成顺子的机会。

如果对手在我后面加注或反加注,很难判断对手是拿到了暗三还是在乱打。如果对手是一个低水平玩家,他可能会高估顶对或超对的牌力,这时我不会扔掉我的底牌。但换成优秀的玩家,我会保持小心谨慎。优秀的玩家不会为了一对搭上所有的筹码。如果一个高水平玩家在这种情况下向我全力开火,我还是有可能不情愿地扔掉我的底牌的。

——底两对——

翻牌拿到底两对时我仍然会打得很凶。一个翻牌拿到顶对的对手只有五张出牌能增强牌力。转牌后我的底两对仍然有88%的可能是最好的牌，河牌后也有76%的可能。举例来说：

我	对手	翻牌	我的胜率
6♣5♥	A♦Q♥	A♥6♦5♠	76%

在这种情况下，只有两个A和三个Q会帮助对手增强牌力。

如果转牌与河牌发出大小相同的牌（例如上面的例子形成A-6-5-8-8），我的两对就被淹了，只能扔到垃圾箱里。转牌后拿到底两对我会玩得非常凶，设法立即拿下彩池。

——高低两对——

当翻牌拿到高低两对时，相比于底两对更容易被击败，这与我们的直观感觉似乎不太相符。为什么高低两对会比底两对更危险呢？因为拿着顶对或超对的对手会多一张出牌。

我	对手	翻牌	我的胜率
A♣5♦	A♦Q♥	A♥9♣5♠	73%
K♣8♣	A♦A♣	K♦T♥8♠	73%

对手有六张出牌。看第一个例子，我不光要避开一个Q，如果9出现了，我和他都拿到了相同的两对，A-A和9-9。但是他的边牌Q要大于我的边牌5，我的牌只能扔到厕所里了。

3
翻牌后

翻牌拿到暗三

翻牌拿到暗三时，要记住，我们的目标应该是使对手最大限度地犯错误，他们扔进彩池的筹码不能让他们拿回去。

下面是我拿到暗三时的处理方式。

——位置不好时——

如果我先行动（后面还有玩家没说话），我会先观察牌面，判断对手是否有可能拿到了顶对或超对。如果拿到了，我会下注，因为我的下注很可能会被加注。

如果我不认为对手拿到了顶对或超对，我会让牌（慢打），希望引诱对手诈唬，或希望他们让牌后在转牌上拿到点东西。

这里有一个例子，是我在参加第一届WPT中遇到的一手牌。一个谨慎的玩家从中后段位置加注3倍大盲注，我在大盲注拿到了口袋5，参考他的形象，我认为他有一个A或者一个大对子。翻牌发出K-8-5，我下注。现在，如果他拿着A-K或K-Q，我会给他制造麻烦；如果他拿着A-A，我会让他无法脱身。无论是哪种底牌，他几乎都要加注，这正是我希望的。为了从我这里获得筹码，他不太可能选择Check-raise。实战中他用A-K选择了全下，我成功地击败了他。

几圈牌后，我在小盲注位置拿到了8-8。另一个后段位置的中度紧手玩家加注3倍大盲注。我认为他拿着A-K、A-Q或A-J，我决定跟注。翻牌是T-8-2（是的，那次比赛我总是拿到暗三），我让牌，希望对手可以钻进彩池。我不太担心给他一张免费牌，因为如果一张免费牌可以给他带来帮助，那么在翻牌后他很可能就会加注半诈唬。在有很大可能用A-K、A-Q或A-J诈唬成功赢得彩池的情况下，无论诈唬会带来多大的风险都显得不那么重要了。大多数玩家错过翻牌后，都不太喜欢跟注或反加注，但是如果他们有机会先开枪，他们会乐于下注。我的对手用A-K做了个大诈唬，然后我淘汰了他。

——位置好时——

如果对手让牌到我，我不得不判断他的牌是真弱还是他想Check-raise。

如果对手让牌而我认为他拿着弱牌，我会让牌，希望他在转牌上拿到点什么。

如果对手让牌而我认为他拿着一手好牌要Check-raise，我会加注一个彩池，期待他反加一个大注。

如果对手让牌而翻牌有顺面或花面，我也会加注，一般我会加3/4彩池。

如果对手向我加注，有两种玩法可以供我选择。我可以跟注挖坑以便在转牌后赢得更多筹码，我也可以立即加注。

如果对手加注而且他是那种过分依赖顶对的玩家，我会选择加注。

如果对手加注时桌面上最大的牌是Q或更小，我会选择加注，期待对手反加注。为什么？因为如果一个A或K出现在翻牌上（这种情况七次会发生一次）而我的对手没有A或K，他可能就不会进一步行动了。我非常希望对手能在转牌上拿到顶对或超对。

3
翻牌后

如果对手加注而牌面有形成顺子或同花的可能,我一般会加注,希望对手反加注。

如果对手下注时桌面上有一个A,我会加注,因为大部分对手不愿意在翻牌后扔掉顶对。

——暗三吃暗三——

当我在翻牌上拿到暗三时,我从不担心对手有更大的暗三。两个拿着口袋牌的玩家进入彩池,翻牌出现暗三吃暗三的概率只有大约1%。这个概率几乎可以忽略不计,我不怕为此输光。

翻牌拿到明三

桌面上有对牌使我形成明三,非常值得庆祝,明三有两种可能:

高三头	
我的底牌:9-7	翻牌:9-9-3
我的底牌:A-Q	翻牌:A-A-4

低三头	
我的底牌:9-7	翻牌:A-9-9
我的底牌:A-Q	翻牌:K-Q-Q

在决定如何玩明三时,我会考虑以下几点:

♥ 如果翻牌我拿到高三头且我认为对手是超对,我会下注或加注,希望对手反加注。

| 我的底牌：J-T | 对手：A-A 或 K-K | 翻牌：J-J-4 |

♥ 如果翻牌我拿到低三头且我认为对手是超对或强对，我也会下注或加注，希望对手可以反加注。

| 我的底牌：9-7 | 对手：A-A 或 K-K | 翻牌：J-9-9 |
| 我的底牌：9-7 | 对手：A-K 或 A-Q | 翻牌：A-7-7 |

♥ 如果对手有顺子抽牌或同花抽牌，我也会下注。
♥ 如果翻牌我拿到高三头且我认为对手可能是中对，我经常会慢玩或Check-raise。

| 我的底牌：A-5 | 对手：8-8、9-9 或 T-T | 翻牌：A-A-2 |
| 我的底牌：A-5 | 对手：K-Q 或 Q-J | 翻牌：A-A-Q |

♥ 如果翻牌我拿到低三头且我认为对手可能是中对，我经常会慢玩或Check-raise。

| 我的底牌：K-5 | 对手：8-8、9-9 或 T-T | 翻牌：A-5-5 |

♥ 如果我的底牌是A和一张小边牌，翻牌时我拿到了高三头，一旦对手让牌，我一般会下注。如果他们的牌比我更好，我希望被反加注，这样我就可以弄清楚我的牌力（虽然还是很难扔掉三头）。如果我的位置不好，我会Check-raise。如果对手反加注我的Check-raise，几乎可以断定我已经被击败了。这种局面最

3
翻牌后

重要的就是要让对手尽快告诉我我是不是已经被击败了。这就是那种一旦赢只能赢一个小彩池，一旦输就会输一个大彩池的情况。

| 我的底牌：A-2 | 对手：?-? | 翻牌：A-A-3 |

♥ 如果我的底牌是A和一张大边牌，翻牌时我拿到了三头，很可能出现一个大彩池。我不太担心对手翻牌拿到了葫芦，更可能的是对手也拿到了三头，但是比我的小。

| 我的底牌：A-K | 对手：A、Q | 翻牌：A-A-5 |
| 我的底牌：A-8 | 对手：?-? | 翻牌：Q-8-8 |

总之，如果对手认为我会慢打三头，我就会下注或加注，我想迷惑他们；如果对手认为我会下注或加注，我就会慢玩。

翻牌拿到顺子

顺子的种类有很多，可以分为"聪明人顺"（可能的最强顺子）和"笨蛋顺"。"笨蛋顺"也叫"傻瓜顺"，很容易被更强的顺子击败。桌面的翻牌可能有由零个、一个或两个间隔形成的槽。顺子类型的不同会导致翻牌后采取的策略也略有不同。但是，最重要的潜在问题是，有很大的可能我要用翻牌形成的牌面打到最后，除非我有一个抽花或跑跑抽花（后门抽花）。如果我有抽花，那么有35%的可能我能形成抽花；如果我有跑跑抽花，有6.4%的可能我会抽成花。顺子不太可能会变强，只会变差。

——聪明人顺，零个或一个槽——

当我翻牌拿到了有零个或一个槽的聪明人顺，我就拿到了坚果顺子（可能的最强的顺子），这是非常强的牌。

我的底牌	翻牌
K-Q	J-T-9
Q-T	J-9-8

如果翻牌是彩虹牌我会下注半个彩池，如果翻牌有两个同花色的牌我会下注2/3彩池，如果三张牌是一个颜色我会下注一个彩池。我希望有人回应我，我发现这时候下注比慢玩更恰当。如果翻牌后我没有行动，转牌会有14张牌能把对手吓住。对上面表格中的第一种情况来说，任何K、Q、8或7都可能会让对手以为我拿到了顺子，如果他有顶对或暗三，他下注时会犹豫。在一张讨厌的牌出现前，我会下注，能赢多少就赢多少。

——笨蛋顺，零个或一个槽——

当我翻牌拿到了有零个或一个槽的笨蛋顺，我会玩得超凶，以便能保护我的牌。

3
翻牌后

我的底牌	翻 牌
8-7	J-T-9
T-7	J-9-8

在转牌时，没有太多的牌会让我开心。对上面表格中的第一种情况来说，一张K、Q或一张8的出现都会让我担心，而一张7又会把我的对手吓住。

在这种情况下，我一般都会下注，而且我经常会下超过一个彩池的大注，以便立即拿下彩池。

玩9-8时我会非常谨慎，无论同花还是不同花。如果翻牌出现Q-J-T，而我的对手拿着A-K，我会输掉很多筹码，很多很多筹码。计算机模拟显示，9-8在面对值得冒险的牌时，比如A-K、K-K、Q-Q、J-J、T-T、K-Q、K-J、Q-J、K-T、K-9，只有48.5%的胜率。

——两槽顺子——

有两种方法可以拿到两槽顺子，它们的打法基本相同。

我的底牌	翻 牌
J-T	Q-9-8
J-9	Q-T-8

在这种情况下，转牌有六张牌会吓到我的对手：与我底牌点数相同的六张。这种局面每47次出现6次，或者说有13%的概率。

如果翻牌花色相同，我会下注2/3彩池。否则，我会下注一半彩池。

简单的酒吧魔术

拿一副扑克牌，找几个笨蛋，对他们说："如果我从这副牌中拿走八张牌，你们就无法凑成五张牌的顺子了。"如果他们接受了打赌，你拿走所有的10和5，把牌给他们，点两杯酒，一杯给我，一杯给《小绿皮书》。所有的顺子都必须有5或10。

翻牌拿到同花

用两张同色底牌拿到天同花（翻牌直接形成同花）的概率大约是0.84%，也就是说每玩119次我才能拿到1次。而且，更大的问题是，即使我拿到了天同花，对手也未必会有什么行动。

如果我拿到了坚果同花（可能的最大同花），我一般会慢玩。如果翻牌后或转牌后没有人下注，我甚至会慢玩到河牌。这种打法的问题是一旦转牌或河牌再出现一张同花牌（出现的概率为17%），对手就不敢再行动了，除非对手也拿到了同花或失去了理智。

如果翻牌后我幸运地拿到了天同花，我一般会这么做：

- ♣ 首先在心中默默感谢上苍——我竟然拿到了天同花！
- ♣ 如果我认为对手有可能拿到了顶对或超对，我会下注一个彩池。大部分对手会认为如果拿到了同花我会慢玩，我的下注可以迷惑他们。

3
翻牌后

♣ 如果我不认为对手有可能拿到了顶对或超对，我经常下一个小注，比如1/3彩池，希望他们在转牌上拿到些什么（如果他们诈唬则更好）。

♣ 如果我没有坚果同花，我会下注半个彩池，希望有拿着坚果抽花的对手跟注。他会犯一个大错误，因为转牌只有14%的概率会帮到他，他只有3：1的彩池赔率，而转牌成牌的比率是6：1。

如果他天真地用坚果同花抽牌加注我，我会反加注；如果他已经形成了比我更好的同花，我非常可能会输光。

翻牌拿到葫芦

当我足够幸运翻牌拿到葫芦或更好的牌时，感觉非常棒，当然也很短暂。翻牌拿到葫芦一般很难获得回应，很多时候只会赢下一个小彩池。

葫芦有四种形态，不同的形态打法略有不同。

我的底牌	翻　牌
A-5	A-A-5

拿到这样的葫芦，通常我会领先下注，如果对手先下注我就加注。我特别希望这时对手有一个A。如果他有一个A，面对这样的翻牌他很可能会把所有的筹码都放进彩池；如果没有A，他很可能一个筹码也不会下。大部分情况下我会下注半个彩池。如果对手有A，他最多有三张出牌（其实，遇到这样的翻牌，即使没有A我也

会下注）。

我的底牌	翻牌
A-5	A-5-5

同样，这也是我会领先下注的翻牌。如果对手有一个A，我会获得回应；如果他没有A，慢玩是无效的，慢玩的最大风险来自口袋牌；如果对手的底牌是口袋牌，比如说是T-T，他有4%的机会在转牌上拿到一张T击败我。

我的底牌	翻牌
A-A	A-5-5

这是我慢玩葫芦的唯一一种情况。这种情况对手不太可能拿到什么，如果拿到了，他会变成"烤面包"。

但是，如果我认为对手的底牌是超对，我不会慢玩。举例来说，如果我拿着T-T，翻牌是T-8-8，我认为对手的牌是大口袋，我会领先下注，大约下注一个彩池，我希望在转牌干扰对手前他把筹码扔进彩池。举例来说，假设我认为对手拿着K-K或Q-Q这样的牌，如果我让牌或跟注，而转牌发出来一个A，对手很可能会被吓到，这会使他不容易犯错误。

我的底牌	翻牌
5-5	A-A-5

3
翻牌后

　　这种牌面的真实牌力要比看起来的弱得多，遇到这种情况我会打得凶一些。只要对手有一个A（不只是A-5），我的获胜概率只有77%。因此，我会玩得凶一些，只要有机会，我就会下注、加注、反加注。

　　下面是我对另一些情况的看法：

- ◆ 如果翻牌有花面或顺面，我更愿意下注，希望对手在抽花或抽顺。这样他们很可能会跟注抽牌，但是抽到也没用。如果转牌出现同花，我会领先下注，希望对手加注。
- ◆ 很多对手担心被慢玩。当我用好牌领先下注时，对手有时会觉得比慢玩更舒服。慢玩是种强力打法，有时会让对手察觉出我的牌力。当我领先下注时，通常我会获得一些回应。
- ◆ 面对喜欢下大注诈唬的玩家，我更喜欢慢玩。

翻牌拿到四头

　　这种情况不经常发生，如果发生了，我会尽量憋着不笑，然后慢玩，慢玩，再慢玩。

　　我的好朋友雷夫·福斯特，2005年在拉斯维加斯参加了一场吉祥俱乐部的比赛。在比赛中，坐在他旁边的是"蜘蛛侠"托比·马圭尔（Tobey Maguire）。托比在中间位置跟注，雷夫用A-7在按钮位置加注，托比跟注。

　　翻牌是A-2-2。托比让牌到雷夫，雷夫下注半个彩池，托比跟注。转牌是一张7，这张7很容易让人犯错误，托比让牌后雷夫的确自投罗网了。雷夫下注3000个筹码，一个彩池大小，还剩下500个左右。托比认为雷夫被彩池套住了，选择了全下。

雷夫跟注，托比亮出口袋2，一边收筹码一边笑——表演天才的又一次完美演出。

♠ 翻牌拿到抽牌

在面对高手时，抽牌很容易被高估。通过正确的下注，高手通常会把抽牌价格抬得很高。

有两种常见的抽牌：两路顺子抽牌（前后抽顺或双卡槽抽顺）和同花抽牌。

翻牌拿到常见的抽牌时，下面的因素会决定我应该下注还是让牌：

- ♠ 如果我是翻牌前第一个进入彩池的玩家，而且我还是用加注方式进入彩池的，这时我会下注或加注，因为我想延续我翻牌前的加注，"保持我的领先地位"。我希望对手猜不到我的牌。

- ♠ 如果我抽牌的出牌比同花抽牌多，我会玩得凶一些（请看本书第45页"可以一战的牌"）。举例来说，如果我拿着A♦5♦，翻牌是8♦6♦4♥，我会打得超凶。除了方块，一张7会让我形成顺子，任何一张A也会给我一个顶对。

- ♠ 处在较差的位置，如果对手没有控制彩池，我很可能会让牌或跟注。

3
翻牌后

- ♠ 处在较好的位置，如果对手Check-raise，我会让牌，在转牌时看一张免费牌。
- ♠ 如果我不确定我的牌力，我会下注。
- ♠ 如果有坚果抽花，相对于我拿到非坚果抽花，我会慢玩。很多时候，我在转牌上拿到了同花，但是我的对手有可能拿到更大的同花。
- ♠ 如果我被彩池套住了，我会选择成为最后行动的那个玩家。如果可能，我会加注或全下，而不会跟全下，这样我就会获得"弃牌率"。
- ♠ 当我有一个顺子抽牌而桌面上有2个或3个同花牌时，相对于三种不同花色，我更倾向于选择下注或加注。
- ♠ 如果对手是短筹码玩家，我会领先下注。
- ♠ 如果桌面上有对子，我更愿意用抽牌下注，因为这样的牌面对手很难拿到值得玩的牌。他们会担心我翻牌拿到三头，这会降低他们对我加注的可能性，此时下注1/3彩池正好。
- ♠ 抽花的隐含赔率要小于抽顺的隐含赔率，很多玩家在转牌时看到同花都会收手。

如何玩抽牌是德州扑克的一大难题。

我下注，优秀玩家跟注

我有一手好牌，翻牌前我加注，一个优秀玩家跟注。我位置不好，翻牌后，我继续下注，无论什么抽牌对手的胜率都不够，但是他还是跟注了。

　　这是德州扑克中最恐怖的时刻。优秀玩家很少跟注,他们要么加注,要么弃牌。优秀玩家跟注,非常可能意味着他们在慢玩强牌。

转牌后

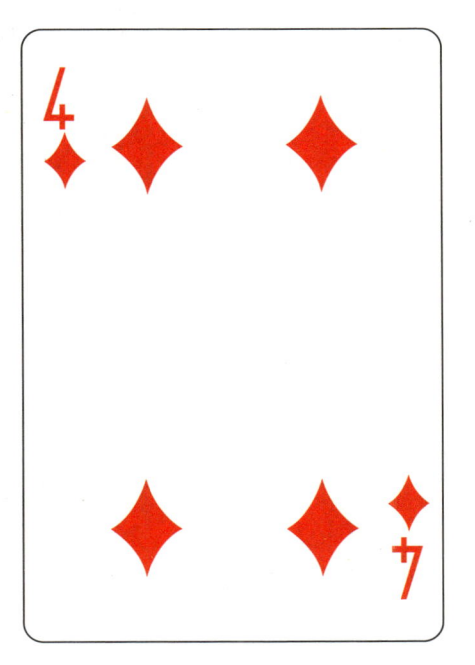

转牌发出后，已经看到了七张牌中的六张。只要加注稍微大一点，抽牌就变得没有意义了，因为只有一张牌还没发出，形成顺子或同花的概率不到20%。

转牌，顾名思义，就是转变形势的牌。翻牌跟注的对手这时可能追到了牌，但更可能的是，抽牌的人什么也没抽到，领先的人继续领先。

转牌后，打得凶仍然是对的。如果我认为我有最好的牌，我从来不会给对手免费的河牌。一般来说，我会根据彩池的大小下一个合理的注，这个注通常会很大。这时，拿下彩池增加筹码至关重要。

也就是说，如果我有最好的牌，我先行动时，我不会天真地Check-raise，我会下注。当对手让牌时，如果我认为我的牌更好，我会下注。

转牌不是耍小聪明的时候。优秀的德州扑克玩家在转牌上拿到好牌时不希望看见河牌，除非对手抽牌的概率很小或愿意花大价钱看最后一张牌。

♠ 牌力增强时

如果转牌帮助了我，我通常选择下注或加注，以下是我考虑的一些因素：

- ♠ 如果翻牌后我玩得较被动（比如我让牌或跟注），而在转牌后我提高了牌力，我会玩得非常凶。
- ♠ 如果翻牌后我玩得很凶，牌力明显增强后我会玩得慢一些。

4
转牌后

- ♠ 无论什么情况，如果对手向我下注，而我的牌力增强了，我会加注。
- ♠ 无论什么情况，牌力增强后，如果我确信我的下注会让对手扔掉比我更好的牌，我会下注。

| 我的底牌：6♠5♠ | 翻牌：A♦7♣6♦ | 转牌：5♦ |

我相信这时下注会让对手扔掉更好的两对。

- ♠ 如果在转牌上我拿到了坚果牌，我会尽可能使对手把更多的筹码扔进彩池。我会想：怎样才能使我的对手犯最大的错误呢？
- ♠ 如果我的牌力增强为两对，而此时两对可能是最强的牌，我会打得极其凶，我的牌在河牌时基本不可能提高了，而对手则可能拿到好牌。

| 我的底牌：A-J | 翻牌：A-Q-4 | 转牌：J |
| 我的底牌：5-4 | 翻牌：K-5-2 | 转牌：4 |

如果我在转牌上拿到两对，我会设法立即拿下彩池，特别是面对多个玩家时。

- ♠ 我的牌力增强为顺子时，如果我认为对手有同花抽牌，我会下注设法拿下彩池，下注2/3彩池以上比较合适；如果对手没有同花抽牌，由于顺子是容易被察觉的，通常我会选择Check-raise。

♠ 如果转牌后我的牌增强为坚果同花，公共牌上没有对牌，我的对手最多有10张出牌（暗三变成葫芦），也就是20%的胜率，下注半个彩池会为他们提供3∶1的赔率。

我的底牌：A♦5♦	翻牌：K♦Q♦4♣	转牌：6♦

♠ 如果我形成了同花但不是坚果同花，而对手有更大的同花牌，他们有7张出牌，就是14%的胜率。在这种情况下，面对中等大小的下注，他们会选择追牌，半个彩池的下注会给他们提供3∶1的彩池赔率，处理得不好他们就会跟注。

♠ 如果我的牌力增强为葫芦，而我认为对手拿着同花抽牌或顺子抽牌，我会下注1/3彩池，对手会获得4∶1的彩池赔率。他们认为他们抽到同花或顺子就能赢，所以他们会认为自己的胜率在20%左右。我希望他们以为自己获得了合适的彩池赔率。很多玩家喜欢在这时让牌，期待对手形成顺子或同花，这是错误的。我会给他们合适的赔率引诱他们追同花或顺子。如果我认为他们在河牌上会追到，我会下一个大注，因为我知道他们会跟注或反加注。

吓人的牌

有时候，一张转牌会吓到那些有好牌但非坚果牌的玩家，这种牌，我叫它吓人的牌。

如果翻牌后我先说话，而转牌出现了一张吓人的牌，我认为让牌把先说话的权利给对手是正确的。如果对手向我下注，一般我只会跟

4
转牌后

注；如果对手让牌到我，一般我也会让牌。以我的经验，玩家这时倾向于Check-raise。我不会向他们贡献筹码，我的目标是玩尽可能小的彩池，即使这意味着很多时候我要给对手一张免费的河牌。记住，一张免费的河牌只有20%的概率会伤害到我。我放弃了20%的收益，但避免了因对手加注而损失筹码。除非我能精确地读出对手在抽牌，否则让牌或跟注是正确的选择。

如果翻牌后对手先说话，而转牌出现了一张吓人的牌，只要对手有示弱的表现，我就会向对手施压，追逐这个彩池。

我会努力回想对手认为我的底牌是什么，如果在他们看来，那张吓人的牌可能会帮到我，我会采取一些行动巩固他们的看法。

我发现，很多玩家在吓人的牌没有帮到他们时会下注。同理，这些玩家也喜欢在吓人的牌帮到他们后Check-raise。

♣ 用抽牌跟注

在只剩下一张牌还没有发出时，只要对手下注正确，抽牌就几乎没有什么价值了。如果手里拿着同花抽牌或顺子抽牌，我只有16%～18%的成牌概率，差不多所有正常的下注都不会给我合适的彩池赔率。

当我决定在转牌后用抽牌跟注时，隐含赔率成了最重要的考虑因素。

- ♥ 如果对手在河牌时有跟大注的习惯，我选择玩的可能性要大一些。
- ♥ 如果对手的牌非常强，但是我的抽牌可能会让我变得更强，我选择玩的可能性要大一些。

♥ 如果我的筹码非常多，我选择玩的可能性要大一些。

♥ 如果我的牌很难被读出（双卡槽抽顺最好），我选择玩的可能性要大一些。

♥ 如果我的抽牌已经被发现了，我可能弃牌，因为隐含赔率非常不合适。

♥ 如果对手是一个高手，我可能弃牌。高手一般具备很强的读牌能力，即使我抽到了牌，他也未必会便宜我。

半诈唬

转牌后，我们不能简单地"有好牌就下注，没好牌就让牌"。即使面对一个初学者，我也要变换策略，否则他很快就能看穿我。变换策略的最佳方式就是采用被称为半诈唬的战术。

如果一手牌目前可能不是最好的牌，但将来有可能成为最好的牌，用这样的牌下注叫半诈唬。简单来说，半诈唬为我提供了两种获胜方法：要么我形成最强的牌，要么对手弃牌。这是一种迫使对手做决定的激进打法。有时，他们会做出错误的决定，这样我就可以从中获益。

我发现，如果对手在翻牌或转牌后有示弱的表现，半诈唬更有效。抓住对手示弱的时机，设法用半诈唬直接赢得彩池，即使对手选择跟注，至少我还有出牌可以帮我在河牌上获胜。

下面这些是我选择半诈唬时考虑的因素：

4
转牌后

- ◆ 转牌给了我更多的出牌。
- ◆ 对手在翻牌或转牌后示弱，半诈唬非常可能直接拿下彩池。
- ◆ 转牌后我确定我的牌比对手的牌更好。
- ◆ 对手不是喜欢Check-raise的玩家。
- ◆ 对手没有被彩池套住。
- ◆ 如果我选择半诈唬，我不会被彩池套住。
- ◆ 我可以下一个大注让对手觉得我有牌，因为我在短筹码时几乎不做半诈唬。
- ◆ 近几次摊牌我的底牌都很强。
- ◆ 对手不会在没有合适赔率的情况下跟注。当我在半诈唬而对手在抽牌时，他们跟注的话我会在河牌后继续开枪，这会让他们害怕。

立即拿下彩池

如果彩池中有大量的筹码，而且我认为目前我的牌最好（但也不保险），我经常会下一个大注，设法立即拿下彩池。

在比赛中，任何超过我筹码数量一半的彩池都值得我采取行动。在大多数情况下，能在没有风险的前提下增加我的筹码值得放弃一些转牌后的收益。如果立即拿下彩池可以使我成为大筹码玩家，这种打法尤其正确。

如果我的牌力不太可能增加了，但目前是最强的，我非常可能采取行动立即拿下彩池。公共牌有对牌时的顺子和同花与公共牌有花面

德州扑克 小绿皮书

时的一对都是脆弱的牌，一些小超对更脆弱（比如T-T、公共牌9-5-3-2）。

面对狡猾或技术好的对手，立即拿下彩池是个好习惯。优秀的玩家会用一张吓人的河牌让我进退两难。

河牌后

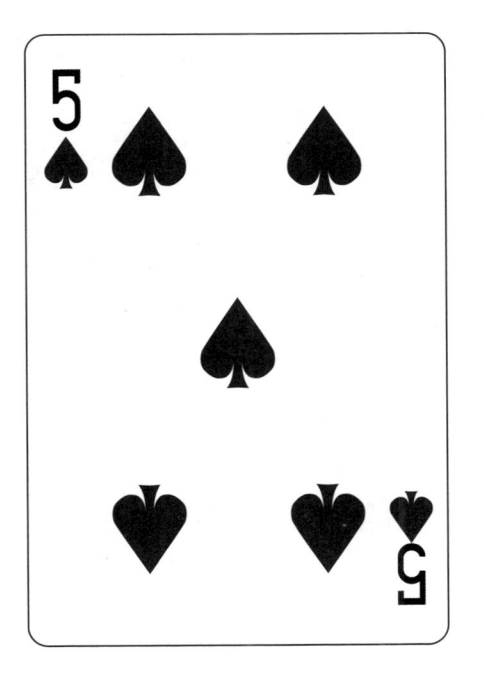

随着河牌的发出,自己的处境和对手的底牌就变得明朗多了。

这时有大量信息可供我使用,对手翻牌前的行动、翻牌后的行动、转牌后的行动,还有他们表现出来的Tell,都将作为我的判断依据。

随着河牌的发出，优秀的玩家经常能透过扑克牌异常精确地"读出"对手究竟拿着什么底牌。这是多年来我一直想努力提高的技术。打牌时，即使我没有参与某一手牌，摊牌前我仍然会在心里猜测对手的底牌。如果我猜对了，再遇到那个玩家时我就有信心读对他的牌；如果我猜错了，我也会从中收获一些有价值的信息。

成功读牌是我们梦寐以求的技术，拥有这项技术需要耐心、专注、练习。虽然读牌学起来很难，但是回报也相对丰厚。对于善于读牌的选手来说，河牌后没有什么决定难以做出，如果你确切地知道对手的底牌，那么你很少会犯错误。

如果某个玩得很弱的玩家在河牌后突然活跃起来，下了一个有点"鱼"的大注，他很可能是在诈唬。

如果某个一直玩得很凶的玩家在河牌后突然保守起来，他很可能是在挖坑。

如果某个玩家打得患得患失，很可能是因为他无法确定自己的牌力，他可能拿着中等牌。

如果某个玩家，特别是优秀玩家，在河牌没帮到自己的情况下下注，我认为他是在诈唬。优秀玩家不会用中等牌在河牌后下注。

5
河牌后

🂠 让坚果物有所值

如果河牌发出后，我拿到了坚果牌或接近坚果的牌，我希望能物有所值。

一些优秀的玩家在河牌上拿到坚果牌后总是做"价值下注"，下注数量比他们认为对手能跟注的量稍少一些。这是一个合理的策略，但是我认为，大部分价值下注都很容易被读出来。

我采用的是一个均衡策略，比较上述方法，这种策略会为对手读出我的底牌增加难度。一旦我确定了对手会为摊牌付出的筹码数量，我会围绕这个数量建立一个钟形曲线，有时多下点，有时少下点。

如果对手每次都跟我，我就不会再选择之前的下注数量，这么做会让对手更难判断我的牌力。更重要的是，我的价值注看起来不像价值注，对手绝对无法确定我拿着什么牌。毋庸置疑，这个结果非常有价值。

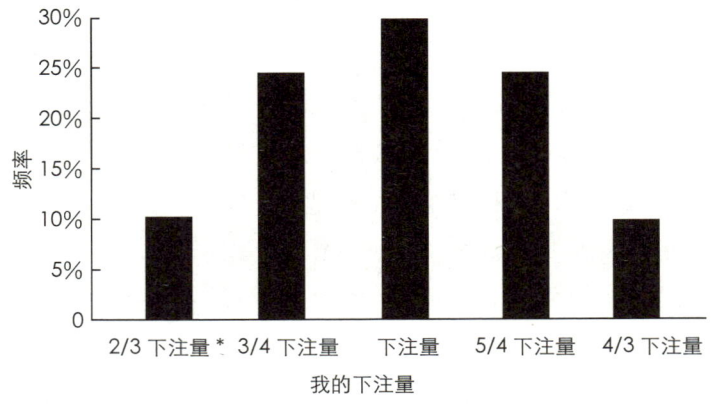

[柱状图：横轴为"我的下注量"，从左到右依次为 2/3 下注量、3/4 下注量、下注量、5/4 下注量、4/3 下注量；纵轴为"频率"，数值约为 10%、25%、30%、25%、10%]*

注：*指对手为摊牌付出的筹码量。

用中等牌下注

河牌发出后，位置不好时用中等牌下注是德州扑克的一大错误，因为：
1. 经常会被对手用强牌跟注。
2. 对手经常会扔掉弱牌。
3. 因为是我们自己主动把筹码扔进彩池的，所以失去了摊牌获胜而节省筹码的机会。
4. 失去了引诱对手诈唬的机会。

河牌后位置不好时的下注只在两种情况下有作用：一是我拿着强牌并认为对手会跟注，二是我拿着弱牌并认为对手会弃牌。

如果我拿着弱牌或中等牌，但是我相信对手的牌更弱，让牌引诱他诈唬我会赢得更多的筹码。这么做我可能会面临一个艰难的跟注，但这就是德州扑克，德州扑克中很少会出现让牌后的跟注既有价值又有必要的局面。

如果我位置好，对手让牌到我，我会仔细回想一下这手牌的整个过程。如果对手在翻牌前、翻牌后、转牌后都表现得很弱，而我摊牌很难赢，我会选择诈唬一下。

我拿着中等牌而且我不能很好地读出牌时，如果对手让牌到我，我最好的打法是同样让牌。

如果河牌帮到了我，或者出现了一张让对手忌惮的牌，我很可能会下注。

面对一个喜欢在河牌后持中等牌却让牌的优秀玩家，如果他让

5
河牌后

牌到我，我很少选择诈唬。

下面看一个案例，这是我在网上遇到的一手牌：

单位：个

盲注	25/50
平均筹码	2000
剩余玩家	120
我的筹码	2000（40个大盲注）

我在中间位置，拿到A♦Q♦，其他人弃牌到我，我加注到150个——3倍大盲注。后面的玩家弃牌到按钮玩家，我对他有些了解，他跟注。大小盲注玩家弃牌。

翻牌是Q♠9♣2♣，对我来说非常好。我领先下注150个，对手跟注。

转牌出现一张K♦。我担心对手拿到了顺子或底牌是A-K，所以我让牌。对手也让牌，我估计他要么拿着同花抽牌，要么底牌是A-9。

河牌出现一张9♦，对我来说不是好牌。我感觉我的牌力最好也就是中等。我让牌，对手下注300个，我跟注。他拿着J♣8♣，抽花带卡顺，我赢下了这个彩池。

如果我下注，他肯定会弃牌，那么我就不会赢得那300个筹码了；如果我下注，而他有一个9，我至少会损失300个，可能还会更多。

下注还是Check-raise

河牌发出后，我认为（甚至我知道）我拿到了最好的牌。现在的关键是我该如何从对手那里榨取尽可能多的筹码。如果我先行动，摆在我面前的问题是：我是应该下注还是应该Check-raise呢？

我会问自己下面的问题：

- ♠ 河牌是否吓到了我的对手？如果吓到了，我不会冒险让牌，我会下注。一张无关紧要的河牌会让Check-raise更奏效。

- ♠ 对手有没有抽到牌？如果抽到了，我会Check-raise。如果我下注，对手可能一点筹码都不会投入；如果我让牌，他可能会尝试诈唬。

- ♠ 我的对手打得很凶还是很紧？如果他打得很凶，更多时候我会选择Check-raise。

- ♠ 对手是否认为他有最好的牌？如果我让牌，他是否会下注？如果他会下注，那就是Check-raise的好机会；如果他不会，我就会下注。

- ♠ 河牌后如果我让牌，对手能否负担得起一个下注？如果他觉得能拿下当前彩池就很开心了，那么我就下注；如果他还有大量筹码，希望建立更大的彩池，我会Check-raise。

- ♠ Check-raise对对手经常奏效吗？如果不奏效，我就领先下注。与对手下注1/2或3/4彩池后反加注赢得的筹码相比，直接下一个大注赢得的筹码通常更多。

- ♠ 之前我使用过Check-raise吗？如果是，我就不会继续

5
河牌后

Check-raise了，我会直接下注。

因为在河牌后我几乎从来不用中等牌下注，这会减少对手Check-raise的可能。他们会觉得要么我的牌非常强（想Check-raise），要么我的牌非常弱，没有能力跟任何注。

很多没有经验的玩家在河牌后喜欢频繁使用Check-raise，Check-raise比直接下注收益多的情况很少。我估计，在河牌后十次里来一次Check-raise比较适合我。

Tell

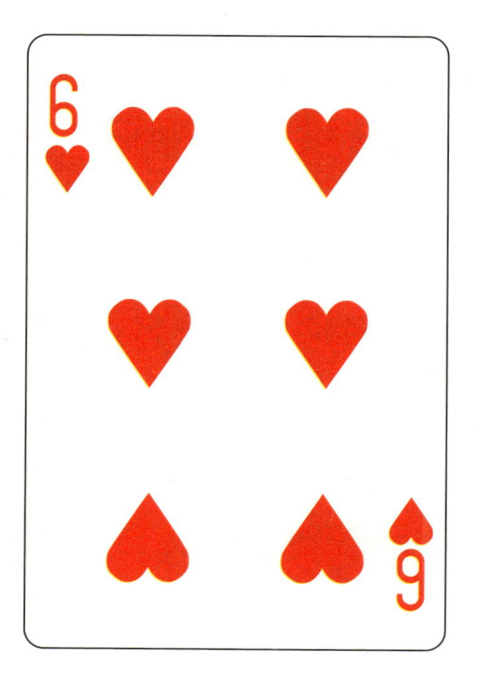

腕子一晃，斜眼一瞅，头一摇，手一抖，身体向椅背一靠，情不自禁地一声轻叹——一个展现力量的表现，一次有目的的示弱，对一个职业德州扑克玩家来说，这些Tell都会成为判断对手底牌的依据。

德州扑克 小绿皮书
Phil Gordon

有两种不同的Tell。一种是无意识的身体行为，它泄露了牌力的强弱。这种Tell表现有很多，相对可靠。善于观察的玩家会留意对手姿势、语言、注意力等特征的变化。第二种Tell是故意的身体行为。你的对手有时会演戏，他的牌力与他表现的正好相反。他很弱时会表现得很强，他很强时会表现得很弱。但这对牌桌的影响不大，优秀的德州扑克玩家不会被这种表演迷惑。一个优秀的玩家在对手表演时会很清楚对手心里的小算盘，然后采取相应的策略。

在这章我会呈现一些或明显或不明显的Tell，我多么希望这些是我自己想出来的，但是，很多Tell在很久以前就被发现了。唉……在我初学扑克时，我读过麦克·卡罗在这个领域开创性的著作《卡罗的扑克Tell之书：扑克牌心理学和身体语言》，这本书改变了我的游戏方式。我的大部分观察结果与麦克二十年前在书中写的如出一辙。

虽然我总是在牌桌上观察，试图发现一些Tell，但即使找到了，也只会改变我二十次决定中的一次。相对于Tell，牌力、局面、对手风格等因素可靠得多。

当然，善于观察的玩家能洞察Tell背后的心理因素，这会帮助他们在牌不好时少输筹码，在牌好时多赢筹码。其实，亲爱的读者，这

6
Tells

正是好玩家和伟大玩家的差别所在。

卡罗伟大的Tell法则

在《卡罗的扑克Tell之书：扑克心理学和身体语言》一书中，作者麦克·卡罗写道：

玩家要么在演戏，要么没在演。如果他们在演戏，找到他们的意图，然后让他们失望。

表现得很弱的玩家通常很强，他们希望我把筹码扔进彩池，我通过让牌和弃牌让他们失望。

表现得很强的玩家通常很弱，他们希望我弃牌或让牌，我通过下注或加注让他们失望。

很多Tell其实都是"弱就是强，强就是弱"这个原则的变种。

"人言可畏"

这是我在刚打锦标赛时学到的（坦白地说，是它自己发生的）一课。翻牌前我用口袋K加注，除了大盲注玩家，其他玩家都弃牌。大盲注玩家玩得较松，他选择反加注。不用想，我反加了回去，投入了我筹码的1/3。

大盲注玩家从他的椅子上站了起来，没有特意看谁，喃喃自语："好吧，我想我必须做我必须做的……很好，我一直想看哈里森·福特演的新电影，或许我会进入人造卫星来个大的……哈，去死吧，我全下。"

我跟了。

大盲注玩家亮出口袋A，本来我该猜到的，我欲哭无泪。

命运在那天对我另有安排，我在翻牌上拿到了一个K，淘汰了那个家伙，直接把他送到电影院去看《六天七夜》了。

传奇玩家T. J. 克劳迪亚碰巧也坐在这个桌子上，那个家伙走远后，克劳迪亚转过来对我说："哥们儿，你没听过'人言可畏'这句话吗？你还有很多东西要学。"

以后再遇到加注前站起来喋喋不休的人，我都会尽量弃牌。每次我忘了克劳迪亚的建议，对手都会亮出无敌的坚果牌。

变化的下注数量

我会观察那些喜欢翻牌前变换加注数量的玩家，这么做会泄露他的底牌。一些玩家有好牌时加注到两倍大盲注，偷盲注时加注到四倍大盲注。另一些玩家正好与之相反。当我弄清楚了一个玩家采取的是何种策略，我会通过下注和加注充分利用这个Tell。

没按次序的下注

几年前在一次WSOP主赛事中，一个有实力但是缺乏经验的玩家

6
Tells

坐在我右手边。在四小时左右的时间中,我们坐在同一牌桌上,我发现他一直在认真观察每一手牌,玩的是紧凶型扑克,给我留下了深刻的印象。

到了比赛第二天的中期,盲注增长到值得一偷的大小了。保护自己的盲注和"反偷"变得更重要了。

我在大盲注位置。其他人弃牌到按钮玩家,他看起来正在考虑行动。但是,在他做决定前,这个坐在我右手边善于观察的玩家大声说"加注!"并扔进去4倍大盲注!

发牌员根据规则,礼貌地告诉小盲注玩家他没有按照次序行动,并还回了他的下注。

现在按钮玩家陷入困境了。很明显,当小盲注玩家似乎有好牌时他不想再偷了,他决定弃牌。他这么做后,小盲注玩家做了相同的大加注,4倍大盲注。

这件事引起了我的警觉。究竟为什么这个家伙会不按次序下注?他一直在全神贯注地观察,而且他从没不按次序下注过。

想了一会儿我明白了,他是在掩盖烂牌。我反加注。那个阴险的小盲注玩家选择了弃牌,我根本没看我的底牌就拿到了一个不错的彩池。

遇到一个玩家没按次序加注,我会问问自己:他是不是故意的?如果是故意的,一般底牌都非常弱。

大筹码,小筹码

不久前,我玩了一场较大的德州扑克现金局。牌桌上的玩家很少，只有五个人参加。但是，25/25美元的盲注经常会使彩池达到上千美元。我们用两种面额的筹码标记我们的下注，绿色代表25美元，黑色代表100美元。

我在枪口拿到A-9不同花，做了个标准的加注加到75美元。我左边的家伙点出来300美元（3个黑色的筹码）反加注，我弃牌。

几手牌后，我在枪口拿到了A-T，又加注到75美元。我左边的家伙这次数出来300美元（12个绿色的筹码）反加注。

为什么这个家伙上一次用黑色筹码加注，而这一次用绿色筹码加注？我想了一分钟。

我认为有两个差别：第一，黑色筹码看起来比绿色筹码更有价值，因此更舍不得失去；第二，12个看起来比3个更吓人。

也许他刚才在用黑色筹码引诱我跟注，也就是说，他有好牌。另外，他用12个绿色筹码的目的，不仅是在秀"肌肉"（其实是一种示弱的信号），也想显示他不在乎这些"低价值"筹码。

我判断绿色筹码的加注代表诈唬，我反加注了他。他弃牌了！在此之后的几个小时中，他的Tell让我毫不留情地阻击他的加注，直到我把他搞"破产"了。

"弱就是强，强就是弱"的道理在很多方面都得到了验证。

筹码堆

整齐排列的筹码堆是玩家不喜欢下注的特征之一。相反，杂乱无章的筹码堆往往表明它的拥有者玩得比较松。

很多玩家喜欢清点他们阶段性的胜利果实，把赢得的筹码放到另

6
Tells

一堆。当我看见一个玩家这么做时，我会尽我所能破坏他的计划。有时，我会把这当作一种强迫症，但是这对我还是很有帮助的。

很多年前，有一次我对抗一个非常紧的"岩石"玩家。他把他最初买入的5000个筹码变成了7200个，其中2200个的收益被放到了另一边。我发现，如果他没有特别好的牌，他不太会投资比2200个更多的筹码，我可以利用这一点。

有一手牌，我和他每个人都投资了1000个，到河牌时我也没抽到牌，他让牌到我。我终于得到了机会，我看了眼他那1200个的"盈利堆"……用1400个筹码选择了诈唬。

他痛苦地看着他那1200个筹码，最终还是弃牌了。现在，我相信如果我下注1200个或者更少，他会立即跟注。很多玩家在做决定时考虑得太多，反倒弄巧成拙。

他们忙时会很紧

如果对手打牌时正在忙其他事情，我会优先考虑与他们对抗。我发现，当他们想着与游戏无关的事情时，很可能选择弃牌或者玩得很随意。

"忙"指的是：

- ♠ 赢了一个大彩池后正在整理筹码或算账。
- ♠ 重购或加码后正在领新发的筹码。
- ♠ 正在打电话。
- ♠ 正在换播放器里播放的歌曲。
- ♠ 正在与走过来的朋友打招呼。

- ♠ 正在与牌桌上的另一个人说话。
- ♠ 正在向服务生点东西。

换句话说，如果一个正在忙的玩家下了一个大注，我会处理得非常小心，他一般拿着非常强的牌。

检查同花

当翻牌出现三张相同花色的牌时，对手又去看了一遍底牌，他们非常可能有一张同花牌。假设他们用"老滑头"（A-K）加注，他们知道自己拿着A-K，也知道一个是方块一个是梅花，但是可能记不清哪个是哪个了，他们不得不在翻牌后重新检查一下。

我还没见过哪个拿着天同花的玩家这么做过。

快下注，慢下注

这又是一个强弱辩证的例子。与下注慢的对手相比，下注快的对手更可能拿着弱牌。快速下注是一种威胁，速度成了牌力的象征。与之相反，缓慢下注是在暗示他的犹豫。

行为的改变

滔滔不绝的玩家突然变得安静，他们通常拿到了想玩的牌。

蜷缩在椅子中的玩家突然挺直身体，他们通常要有所行动。

正在牌桌上吃东西的玩家看到底牌后放下餐具，他们通常拿到了

6
Tells

想玩的牌。

一个玩家的电话响了，如果他没有接，他一般会玩这手牌；如果他接了电话，即使告诉打电话的人等一会儿，他的牌通常不会太强。

前倾者和懒散者

我发现，那些坐得很直，身体前倾靠在牌桌上的玩家通常拿着弱牌；而那些懒散的或靠在椅子上的玩家通常拿着强牌。前倾者的姿态更像要采取行动，试图产生震慑效果；而懒散者则尽量表现得没有攻击性。

发抖的手

那些把筹码放入彩池时手发抖的玩家通常拿着一手非常强的牌。但是，这个规律也有例外。2003年，在好莱坞，有一次我在汉克·阿扎利亚[①]（Hank Azaria）家里玩一个比较大的现金局，对面的玩家大部分我都不熟悉。有一手牌，我在开关位置拿到了口袋J，我加注一个前段位置平跟的玩家。其他人都弃牌，行动权又回到那个平跟的人，他用发抖的手把所有筹码都放到了中间。

我把我的口袋J正面朝上放到中间，向其他人展示我做了一个多么漂亮的弃牌，并且说："兄弟，看到发抖的手，我会扔掉口袋Q！如果你没有对A，我会很惊讶。"

---

① 电影《蓝精灵》中格格巫的扮演者。——译者注

他用仍然发抖的手亮出了对5。"你太依赖发抖的手这个Tell了，"汉克说，"你没有注意到，他是一个酒鬼。"后来，我发现那个平跟的人有一个外号，叫"抖抖"。

当他们看自己的筹码时

有一个Tell很可靠，这个Tell通常发生在翻牌、转牌或河牌刚刚发出的时候。如果一张新出现的牌帮到了对手，他们经常会打量一下他们的筹码堆。

我甚至可以猜到他们在想什么。"哇，多好的一张牌！我要下注……我的筹码哪儿去了？哦，就在我的鼻子下面……"

当他们看我的筹码时

当对手看我的筹码时，他们通常会把我的筹码视为他们自己的。这些玩家在告诉我他们有一手好牌，而且他们知道（或认为）我的牌很弱。

如果我有强牌时观察到了这个Tell，我会下一个大注或尝试一下Check-raise。

快速地跟注

我发现翻牌后跟注非常快的玩家通常有一手抽牌。

6
Tells

从这个角度想一下：如果他们有一手非常好的牌，他们需要一些时间考虑加注；如果他们有一手差牌或边缘牌，他们需要一些时间考虑弃牌。只有当他们有一手抽牌时，他们才会不假思索地跟注。

缓慢地跟注

我发现，翻牌后花很长时间才跟注的玩家通常是在考虑加注或弃牌。他们的牌要么很强，要么很弱，很少会是纯粹的顺子或同花抽牌。

当对手伸手去拿筹码时

当我在考虑是该下注还是该加注时，如果对手伸手去拿筹码，我经常会开火。他们的表演是希望我看到后不会下注，按照麦克·卡罗的建议，我应该让他们失望。

扔筹码与滑筹码

那些把筹码随意扔进彩池的玩家，他们的牌一般都很弱，他们是在用夸张的下注方式掩盖牌力的不足。

那些平稳地、轻轻地把筹码滑进彩池的玩家希望其他人感觉不到他们的杀气，相反，他们的牌一般都很强。

把筹码滑进彩池后，身体靠在椅子上，也是一个有强牌的信号。

反用Tell

2002年，我在里诺参加了一个大型锦标赛，盲注到中段时我的筹码比平均筹码略多。杨·范（Yong Pham）——一个聪明机智的玩家，坐在我的左边。杨的筹码很短，他刚刚被Bad Beat过，只剩下5个大盲注左右的筹码。

我在小盲注位置，其他人弃牌到我，我看了眼底牌，发现是J-7同花，这不是一手好牌，但因为我有大筹码而且比赛有底注了，我考虑是不是要加注到杨全下。他不会太伤害我，即使面对A-T，我仍然有合适的彩池赔率。但是我也不希望用垃圾牌使短筹码翻倍，特别是面对像杨这样危险的对手。

在我还没决定该如何做时，我伸手去拿我的筹码希望能从杨那里获得一些Tell。他立即也去拿他的筹码。"哈！"我想，"一个经典的Tell，他在吓唬我，他没牌！"为了给他一个教训，我加注到他全下。

杨礼貌地眨了下眼睛，亮出来K-K，把我击败了。

如果优秀的玩家认为我在观察他们的Tell，他们有时会将计就计。很多高明的玩家甚至会故意卖四五次破绽，然后在彩池很大时反用一下。

比赛策略

德州扑克锦标赛非常流行，很少有哪项运动的奖金像德州扑克锦标赛这样能有几百万美元。世界扑克系列赛（WSOP）、世界扑克巡回赛（WPT），这些比赛已经风靡世界，每年都有成千上万的人参加。

我不太玩现金局，我的主要精力在锦标赛上——世界上最大的锦标赛。若干年前，世界上只有一个10 000美元买入的锦标赛——WSOP主赛事，现在几乎每周都有10 000美元买入的比赛。过去有200人参加就算人很多了，现在动不动就超过1000人。有些比赛的买入甚至高达100万美元，第一名会获得2000万美元奖金。WSOP主赛事的冠军奖金有时会接近1000万美元。锦标赛的风险很高，但是回报也相对丰厚。

我更喜欢打锦标赛，因为锦标赛需要不断改变策略。锦标赛与电视节目《幸运者》没有什么不同，参与者都需要"比智慧，比技巧，比耐力"，但是，德州扑克锦标赛还需要"比运气"。

在现金游戏中，我永远不会是短筹码或大筹码玩家，永远不会面对"泡沫期"，永远不会有面临被淘汰时的求生欲。但锦标赛有纪律，当我打得不好时我不能站起来离开，我不能换桌子；当我犯了低级错误时不可以再买入筹码。另外，锦标赛有数以百万美元的奖金，噢耶……

我发现了一件有趣的事情，很多现金游戏的高手在比赛中都遭遇了惨痛的失败。同样，很多传奇的锦标赛玩家也成了现金游戏的提款机。这是两种不同的游戏，虽然相似，但是需要很多不同的技

7
比赛策略

术。两种游戏玩得好都能获得回报,但是对我来说,锦标赛才是我的坚果。

保持生存

德州扑克锦标赛是生存的游戏。早期筹码翻倍比后期筹码翻倍价值要小很多。抛硬币[①]的局面玩得越少越好,特别是在比赛早期。

在早期建立一个紧手的形象

我发现在比赛前两三个阶段中,紧手打法(有时也叫紧缩打法)非常有价值:

- ♠ 建立起一个紧手的形象,等盲注大时利用这个形象。
- ♠ 不必冒用差牌输掉很多筹码的危险。
- ♠ 盲注很小时,不值得去偷。
- ♠ 在与对手争夺彩池前,在旁边观察会更好地认识对手,找到他们的Tell。

[①] 抛硬币指的是翻牌前两个玩家全下,胜率比大约是50%:50%,如 A-K vs Q-Q。——译者注

彩池很大时

当彩池变大，比如达到平均筹码一半左右，而我有最好的牌时，我会全下以便立即拿下彩池。我可能会失去继续扩大彩池的机会，但是如果我拿下彩池，我就不必冒对手抽到牌的危险，哪怕这种危险很小。

> 故兵贵胜，
> 不贵久。
> ——《孙子兵法》

重大变化后暂停一下

在我参加2001年WSOP主赛事决赛桌前，我向2000年的冠军克里斯·弗格森（Chris Ferguson）征求建议。我永远也不会忘了他告诉我的那些话，因为这对我的帮助实在太大了。他说：在出现一次重大变化后，花一些时间想想这会对牌桌有什么影响。

"暂停"一下，如果：

- ♥ 一个玩家赢了个大彩池。
- ♥ 一个玩家输了个大彩池。
- ♥ 牌桌上的一个玩家被抓诈唬了。
- ♥ 一个玩家被淘汰了。
- ♥ 一个玩家失控了。
- ♥ 一个玩家由于某个原因改变打法了。
- ♥ 盲注增长了。

7
比赛策略

在暂停时，我会想下列的事情：

- ♣ 我应该玩得保守些还是有侵略性些？
- ♣ 我的牌桌形象有变化吗？
- ♣ 谁失控了？
- ♣ 我应该改变打法吗？
- ♣ 需要考虑比赛的奖励结构吗？

时刻留意对手的筹码

我会时刻留意牌桌上每个对手的筹码数量。在玩一手牌中，我会注意他的筹码与平均筹码、与我的筹码、与其他玩家筹码相比的大小。

我还发现，知道对手的最好成绩也很有用。如果赢了一手牌就可以突破自己玩锦标赛的最好名次，很多玩家会倾向于跟注。

获得运气……在正确的时候

"你的任务就是把自己放在一个有好运气的地方。"

——汤姆·麦克沃伊（Tom McEvoy）
1983年WSOP冠军，知名作家

瞄准中筹码玩家

当我第一次参加德州扑克锦标赛时，不断有人告诉我要"欺负小筹码"。

像个好孩子一样，我非常听话。在锦标赛的中后期，我经常用边缘牌加注小筹码玩家设法淘汰他们。后来我发现，几乎每次小筹码玩家都会和我玩命，要么跟注，要么加注。为了淘汰小筹码玩家，在没有好牌的情况下我经常进入彩池。

在我第一次打WSOP主赛事时，我很幸运可以与世界上最伟大的德州扑克锦标赛选手之一"背靠背"雷恩·弗莱克（Layne Flack）一起喝酒。在等服务员上酒的五分钟时间内，雷恩彻底地改变了我的想法。

"菲尔，欺负小筹码是错误的想法，他们会破釜沉舟。在比赛中我经常瞄准中筹码玩家，他们扔得起。他们会弃掉很大的牌。除非我有非常好的牌，否则我会远离大筹码和小筹码玩家。"

雷恩，就像他自己建议的那样打牌，曾连续两年获得了WSOP的金手镯，赢得了那个"背靠背"的昵称。

玩小口袋

没有什么感觉比翻牌拿到暗三更爽的了，这是少数几种我认为我的牌最好的情况之一。

在比赛中，小口袋牌的大部分价值来自对抗一手好牌或强牌时的隐含赔率。翻牌出现K-7-2时，如果我有7-7，我希望能把拿着A-K的家伙清台。

只要我的筹码大于40个大盲注，拿着口袋牌我都会跟5倍大盲注去看翻牌。

7 比赛策略

不要用一对玩命

Bad Beat故事的经典桥段通常是这样的：我在按钮位置用口袋K加注，小盲注玩家跟注。翻牌发出J-8-2彩虹牌，那个家伙下注，我全下，他亮出口袋2，我差不多直接死了。

我希望成为那个拿着口袋2的人，不希望成为拿着口袋K的人。是的，超对是很强的牌，但是，对手全下时一对的牌力究竟有多强呢？

经常有人翻牌拿到暗三给我来一个Check-raise，面对Check-raise，用超对跟注前我会仔细想一想。

面对暗三，超对只有两张出牌，翻牌的劣势是12∶1，转牌的劣势是22∶1，这个比率和后门同花差不多。

如果我仅仅拿到了超对，我会尽量不让彩池扩大。

> 不可胜在己，
> 可胜在敌。
> ——《孙子兵法》

比赛奖励结构样本

大部分锦标赛把奖池的30%给第一名，我更喜欢平滑①的奖励结构，如果奖励范围很大就更好了。

这是一张来自网络锦标赛的奖励结构表，这个结构比较平滑。

奖池：$50 000（500人参加，$100/人）。

---

① 平滑指的是不同名次之间奖金的差额较小。——译者注

名　次	奖　金	占奖池的百分比
1	$12 500	25.00%
2	$7750	15.50%
3	$5625	11.25%
4	$4375	8.75%
5	$3250	6.50%
6	$2375	4.75%
7	$1650	3.30%
8	$1250	2.50%
9	$875	1.75%
10～12	$550	1.10%
13～15	$400	0.80%
16～18	$325	0.65%
19～27	$250	0.50%
28～36	$200	0.40%
37～45	$150	0.30%
46～54	$125	0.25%

为冠军而战

我参加锦标赛的目的就是夺冠，头衔、金手镯、赢得荣誉对我来说才是最重要的，因此打比赛时我经常做一些在现金游戏中并非最优的决定。

那些"为了生存"而战的玩家很容易被欺负。比如，诈唬他们很容易，因为他们的首要目标是不被淘汰出锦标赛。

那些以赢得奖金为目标的玩家也容易被利用，他们一般都玩得很谨慎。

7
比赛策略

数学家告诉我，在比赛中要为利益最大化而战，但是我无法让自己这么做，我来比赛就是为了得第一名，不仅仅为了赢得最多的奖金，还要为了赢得冠军头衔。每个玩家都有他自己的目标，制定策略就是为了最大可能地实现他的目标。

比赛奖金

在大部分锦标赛中，所有进入决赛桌的玩家都会获得奖金，奖金的数额取决于其获得的名次。随着玩家一个个被淘汰，奖金也越来越高，奖金经常有几十万或几百万美元的差别。

当我进入决赛桌时，我会留意那些以提高奖金级别为目的的玩家。有很多玩家"需要某个名次的奖金"，因此他们在达到自己的目标前玩得会很紧。一个信用卡上欠着24 000美元的玩家是不会接受只获得第八名拿到17 000美元奖金的，否则他就没法还清债务了。

当奖金数额从五位数提高到六位数时，会造成一种假象。这就像花19.95美元买一本书，看起来要比20.00美元便宜得多。同理，103 000美元看起来比9500美元多很多。

以提高奖金等级为目的的玩家出手的概率很低，这为愿意冒风险的玩家提供了各种各样的机会。

协议分割奖金

在锦标赛中，达成协议分割奖金很普遍，（通常）也很简单。在决赛桌上，为了避免继续游戏的风险，有人提议分割奖金也是合情合理的。

我发现，协议分割奖金（至少对我来说）通常不是一个好主意。因为如果某个对手非常需要钱，他可能在决赛中采取一些较差的策略来提高他的奖金等级，这样我就有机可乘了。在比赛中，我可不喜欢把精力集中在如何协议分奖金上。因为大部分玩家都没有太多玩短桌（人数少的桌子。——译者注）的经验，而我的经验将会成为我的优势，所以无论达成什么协议我都不喜欢。

但是，话虽如此，过去我参与过很多分奖金协议，将来我还会参与。在锦标赛中，大部分分奖金协议都是在第一名和第二名之间产生的，在这里我提供一个简单实用的分奖金方案：先给每个玩家第二名的奖金，剩下的奖金按玩家的筹码量分。

举个例子，比如还有两个玩家，玩家A有10 000个筹码，玩家B有5000个筹码。第一名玩家的奖金是20 000美元，第二名玩家的奖金是10 000美元。

两个玩家先获得第二名的奖金：10 000美元，奖池中还剩下10 000美元。玩家A拿2/3（因为他的筹码占总筹码的2/3），玩家B拿剩下的1/3。也就是说，玩家A获得16 666美元，玩家B获得13 334美元。

偷盲注

偷盲注绝对是我在锦标赛中取得成功的重要因素之一。假设在比赛的中后期，我拥有中等或中等以上的筹码，我的目标是每圈偷1.3次盲注（为了避免讨厌的小数，也可以说每4圈偷3次）。

7
比赛策略

请看下面的例子：

当前盲注是500/1000个筹码，200个底注，2个小时后将涨为600/1200个，200个底注。我有40 000个筹码，或者说40个大盲注。

牌桌上有9个玩家，每小时我们可以打4圈，或者说36手牌。

在这种情况下，在玩家行动前，加上盲注和底注，彩池中一共有3300个筹码。每圈有9手牌，在游戏中每圈我要交9次底注，一次小盲注，一次大盲注，一共是3300个筹码。

如果"平均分配"，即每圈每人赢一次，我不赔不赚。但是我的目标不是平均分配，而是扩大我的筹码量。如果每圈赢下1.3个彩池，我的筹码每圈会增长1100个。

在当前盲注级别的8圈内，我的偷盲注方式会让我一共盈利8800个。

当前盲注级别结束，盲注将会增长到600/1200个。我现在的筹码是48 800个，略高于40个大盲注。随着盲注的增长，其他玩家会相继被淘汰，但是我还活着，甚至有机会进入决赛桌。

需要注意的是，如果锦标赛的盲注结构是快增长模式（每个级别盲注都翻倍增长）或短时模式（每个盲注级别只有一小时），为了生存我会更加频繁地偷盲注。

下面这个表格显示的是盲注增长和需要偷盲注次数之间的关系。

盲注增长 时间（分）	偷盲注次数（次）			
	30	60	90	120
增长 20%	2.3	1.6	1.4	1.3
增长 30%	2.8	1.9	1.6	1.5
增长 40%	3.4	2.2	1.8	1.6
增长 50%	4.0	2.5	2.0	1.8

在盲注增长30%、盲注增长时间是60分钟的情况下，为了保持我的筹码盲注比，我需要每圈偷1.9次盲注。

严格执行偷盲注行动最终会把我带到决赛桌。如果我不看河牌，甚至不看翻牌，就永远不会被Bad Beat，永远不会看到讨厌的出牌，永远不会面对艰难的决定。

> 不战而屈人之兵，
> 善之善者也。
> ——《孙子兵法》

偷盲注失败时

在现实世界中，偷盲注要比听起来的困难得多。我打过的很多锦标赛中，有时只要我一偷盲注，对手就会反加注，导致我只能扔掉底牌。

如果发现自己处于这样的游戏或锦标赛中，需要采用一种不同的策略。最好的办法就是"以彼之道还施彼身"。如果我不能偷盲注，我会在盲注或后段位置加注，设法反偷那些在我前面加注的玩家。

这是一个保持筹码量以便进入决赛桌的好办法。我发现，每1.5圈这么做一次就足以抵消盲注的增长。

假设最开始加注的玩家加注了3倍大盲注，这时你应该知道，一个成功的反加注会带来4.5个大盲注和若干底注（通常会等于一个大盲注），或者说一共5.5个大盲注的收益。

三轮后，算上盲注和底注，我一共要付出7.5个大盲注，但是两次成功的反偷会使我赢得11个大盲注。也就是说，我的纯收益为3.5个大盲注。

和偷盲注一样，如果我谨慎选择反偷的时机，我就不会有被Bad Beat的机会，我可以在翻牌前就赢得彩池。

我发现最容易成为反偷目标的是那些玩很多手牌的玩家。绝对理想的反偷时机发生在松手玩家从中后位置加注紧弱的盲注玩家时。

我用下面的表格计算反偷频率与盲注增长的关系。

盲注增长时间（分）	反偷次数（次）			
	30	60	90	120
增长20%	1.2	0.85	0.75	0.70
增长30%	1.5	1.0	0.85	0.75
增长40%	1.8	1.15	0.95	0.85
增长50%	2.1	1.3	1.05	0.90

举例来说，如果60分钟内盲注将涨30%，我每圈需要反偷一次来平衡盲注的增长。

在线上锦标赛中，我会把上述表格中的反偷次数乘以3，因为在线上每小时的玩牌次数是现场的3倍。

偷还是反偷

那么，哪种才是更好的策略，偷还是反偷？

在一个普遍较紧的牌桌上，偷是最佳策略；

在一个普遍较松的牌桌上，反偷是最佳策略。

德州扑克 小绿皮书
Phil Gordon

谨记平均筹码的大小

当我打锦标赛时，我会时刻谨记平均筹码的大小。平均筹码很好计算：

平均筹码=游戏筹码总数/存活的玩家数

平均筹码的大小对我做决定影响不大，但是它表明了我在剩下的玩家中所处的位置。比较我的筹码与平均筹码的大小，能帮我决定我该玩得多快（或者说多凶），也能帮我判断对手会玩得多快。

比如说，在锦标赛的后期，平均筹码一般为20～25个大盲注，此时已经没有太多的空间去操作了。几乎每个玩家都会感到压力，出手会变得更宽松。如果筹码量允许，在我感受到这种趋势时，我会玩得保守些。

反之亦然。举例来说，在锦标赛中期，平均筹码为50～100个盲注。对手从盲注和底注那里感觉不到压力，会倾向于玩得保守点。这样，我就会背道而驰，玩得松一点。

在很多线上锦标赛中，快速的盲注增长结构会使平均筹码为5～7个大盲注甚至更少！此时，玩家只有加注和弃牌两种选择，其他打法都没有意义。

平均筹码还可以衡量比赛的进程。在锦标赛开始时，平均筹码等于起始筹码。当一半玩家被淘汰时，平均筹码是初始值的2倍。当3/4的玩家被淘汰时，平均筹码是初始值的4倍。

7
比赛策略

有30个大盲注会很舒服

有多少个大盲注才能没有压力呢?

我发现在锦标赛中有30个大盲注会让我玩起来比较舒服。有30个大盲注,平均下来每玩一手牌消耗的盲注与底注小于我筹码总量的1%。按照这个速度,在我成为小筹码玩家前,我还可以玩5圈(50手牌,消耗50%筹码)。

当我在30个大盲注的"舒适区"中时,我从来不考虑平均筹码数量。我可以一直玩紧凶型的扑克,我可以找属于我的机会。我不需要着急进入彩池,我不需要碰运气,我不需要拼命。我扔得起好牌,如果感觉好,我可以赢些轻松的筹码。

玩大筹码

成为大筹码玩家是件格外开心的事情。

相对中筹码和小筹码,当我拥有大筹码时,我会觉得玩德州扑克是个特别简单的游戏。我有多种选择,我可以激进点欺负小筹码玩家,我也可以保守点等待对手犯错误。大筹码是德州扑克的终极奢侈品。

当我足够幸运拿到大筹码时,我做些有攻击性的变化,比如:

- ◆ 我不会平跟进入彩池。大筹码允许我给对手额外的压力。如果我第一个进入彩池,我总是加注。
- ◆ 如果盲注位置是紧手的中筹码玩家,我在后段或按钮位置时几乎每一手牌都会玩。

德州扑克 小绿皮书
Phil Gordon

- ♦ 如果对手很弱，我会从后段或盲注位置加一个大注惩罚那些平跟进来的玩家。

- ♦ 当中筹码玩家加注进入彩池时，我经常在后面的位置跟注。我的大筹码允许我看一些风险较大的翻牌。但是，如果我没有击中翻牌，我就不会继续扔筹码进入彩池了。追牌是失去大筹码和其优势的最快方式。

不过，并不是当我有大筹码时我做的变化全都是有侵略性的。某些时候，即使我拥有很多筹码，我也会玩得很谨慎。

- ♠ 没有好牌我从来不会对抗短筹码玩家。从大筹码变成中筹码或小筹码的最快途径就是用差牌试图淘汰小筹码玩家。让小筹码玩家始终保持小筹码的最佳办法就是在没拿到好牌前不理他们，拿到好牌后我再给他们最大的压力。

- ♠ 我会设法在翻牌前拿下彩池。偷盲注与底注是保持大筹码的最佳办法。我不喜欢大规模地对抗，我更喜欢在大筹码的基础上一点点累积筹码进入决赛桌。

- ♠ 如果翻牌或转牌时我认为我的牌最好，我会设法立即拿下彩池。保持大筹码的最佳方法就是慢慢积累筹码，失去大筹码的最好办法就是一下子都输掉。

一些非常优秀的玩家在有大筹码后喜欢继续进攻，几乎每个彩池他们都会下注、加注。这个策略不适合我。如果我幸运地拿到了大筹码，我会尽量保持住。

在2004年的Bay 101 Shooting Star锦标赛中，我带着1 238 000个筹码进入了最后的六人决赛桌。最接近我的对手，马苏德·沙吉

7
比赛策略

（Masoud Shojaei），只有416 000个筹码。我的五个对手中的四个都没有太多的决赛桌经验，我决定开始挥霍我的大筹码，尽可能多做侵略性的加注。

事实证明这是一个相当失败的策略。每次翻牌前我一加注，就有对手对我反加一个大注。

我的朋友雷夫·福斯特在观众席上看到后，给我手机发了一个短信："兄弟，慢点玩，他们不尊重你的加注，你应该用你的大筹码磨死他们。加油，哥们儿，把他们的筹码变成你的！"

这是一个适当时刻的完美建议。我改变打法，认真起来，耐心地等更好的机会。等我彻底"恢复名誉"后，我又开始偷盲注了。

我最终带着我的大筹码进入了三人局。我用13 000 000个筹码幸运地用一手牌同时淘汰了剩下的两个玩家——马苏德和2003年WSOP的冠军克里斯·莫尼梅克（Chris Moneymaker）。这个胜利不仅为我赢得了360 000美元奖金，还为我提供了一段难忘的回忆。

有底注时

一旦锦标赛到了有底注的阶段，我会改变自己的打法。

在WSOP主赛事中，底注出现在第四个级别。这时已经打了六小时了，我建立了一个紧手的形象。我大体上了解了对手的打法，我需要收起紧绷绷的打法开始偷一些盲注和底注。

在大型比赛中，当底注出现后一段时间，你会发现优秀玩家面前会有不同数量的"底注筹码"，这是他们通过偷底注获得的筹码。

短筹码

玩短筹码需要很大的耐心。我没有太多的筹码，这极大地限制了我玩翻牌后的数量。我开始考虑全下或弃牌，等待好机会孤注一掷。

当我有13～15个大盲注的时候，我会找机会反加注全下一个中筹码或中上筹码的松手玩家。如果我能让他弃牌，我会获得一个5～6个大盲注的彩池。

当我有8～11个大盲注的时候，我会考虑冒险一下。我会全下来偷中筹码或中上筹码玩家，拿到好牌我会反加注，这时我会很高兴接受抛硬币的局面。

当我的筹码降到4～6个盲注的时候。我只有一种打法，就是全下。如果有人在我前面下注，我会用任何口袋牌、任何A和过得去的边牌、任何抛硬币的牌跟注全下。

超级短筹码策略

虽然我不喜欢，但是我经常发现自己只有超级短筹码了，比如说还剩下2.5个大盲注。虽然这种处境让人很郁闷，但是还好我没有输光。

在我职业生涯的早期，有一次我进入了一个比赛的决赛桌，当时平均筹码略高于6000个，我只有100个筹码，猜猜最后谁赢了？

在1982年WSOP主赛事中，杰克·斯特劳斯（Jack Straus）准备离桌时发现一个筹码卡在了牌桌边缘，他把这个筹码抠出来又回到自己的座位上继续比赛，最终获得了冠军。那句著名的扑克格言"你需

7
比赛策略

要的只是一个筹码和一把椅子"说的就是这样的故事。

虽然没有人喜欢玩超级短筹码，但这是比赛时不可避免的。这里有一些策略可以最大限度地帮我起死回生。

——在盲注位置——

如果我在盲注位置，半数以上的筹码已经在彩池中了，即使不看牌我也会全下。即使面对A-K这样的强牌，扔掉任何底牌也都是错误的。我会把我剩下的筹码都放进彩池里，翻牌前我获得3∶1的彩池赔率时我不会轻易弃牌。

——在前段位置——

因为在大盲注附近，我渴望任何中上等的牌。如果我拿到任何口袋对、任何A、任何中等或稍强的同花连牌，还有Q-7或更好的牌，我肯定会全下；如果我拿到了中下等的牌，我会弃牌，祈祷大盲注时拿到更好的牌。

——在中段位置——

如果我前面没人，我会玩任何A、任何口袋对……我会玩任何看起来过得去的牌。唉，没办法。但是，如果跟注前段位置玩家的下注，我需要一个好理由：同花连牌、口袋对或者A大牌。我不会用A小牌跟注全下，因为我很可能被完全主导。相对A-2不同花或A-9不同花，我更喜欢用9-8同花跟注全下。我的目标是用一手抛硬币或更好的牌在对抗一个玩家时，把我的所有筹码都推出去。

——在后段位置——

如果我前面没人，我会等待好牌的出现：一个口袋对，任何在21点游戏中点数相加等于21的牌。我还有时间，没有好牌我不会急着扔出我所有的筹码。我的目标是用最好的牌全下。

我在后段位置扔掉好牌的情况很少，除非有另一个玩家很可能会在我全下之前被淘汰，而且我获得的奖金因此会提高一大截。

在锦标赛后期，如果另一个玩家在我全下之前很可能会被淘汰，那么在后段位置扔掉边缘牌是正确的。

等待盲注的增长

既然在拥有超级短筹码时只有一次全下的机会，为什么不等盲注和底注变得更大一点呢？如果锦标赛的盲注很快就会增长，我可以用边缘牌立即全下，也可以等盲注、底注更大一点时再全下。一般我会等到新的盲注级别，因为只要再坚持一下就会有更多的筹码在彩池里。

重购和加码

只要我参加允许重购的锦标赛，我就做好了破产后打开钱包再买一次的准备。

如果Add-on会提供"双倍筹码"，那么Add-on永远都是正确的选择。举例来说，如果我参加一个锦标赛，100美元可以兑

7
比赛策略

换1000个比赛筹码。但是在重购最后阶段，再花100美元可以加码2000个比赛筹码。这种交易方式非常划算，无论我有多少筹码都会选择Add-on。

如果你不怕从口袋里掏钱，重购会让你玩得很痛快。2004年WSOP的1000美元买入的德州扑克赛允许参赛者重购和Add-on。没有人比丹尼尔·内格里诺更充分地利用了这个规则，他在重购期内一共买了27手。

整个锦标赛一共有538个玩家，一共重购了534次，Add-on了262次，丹尼尔一共花了28 000美元，这使他在重购期间（不幸中的万幸）可以玩他的小球打法[①]。他最后获得了第三名，拿到了101 000美元的奖金，纯盈利73 000美元。

为什么丹尼尔像个疯子一样被清台了27次呢？为了建立一个大彩池。丹尼尔的桌子上有大量筹码（很多都来自他自己的多次重购！），他在重购期内成功地积累了其中的大部分，这些筹码为他接下来的战斗提供了充足的弹药。

关于丹尼尔的策略，我听过另一个版本的解释，虽然不能确定，但也完全有可能。他与另几个参加比赛的职业玩家打了个"比赛谁能坚持更久"的赌。丹尼尔认为赢得这个赌注的最好机会就是在重购期内建立一个大彩池。无论什么原因促使他这么打，他所在的牌桌变成了一个热闹的派对！

[①] 小球打法指尽量便宜地进入彩池，与人玩翻牌后的打法。——译者注

泡沫

每个德州扑克锦标赛玩家都知道泡沫的存在,这个界线把获奖者与"落榜者"残忍地分开了。但是,在很多锦标赛中,第一天的结尾和第二天之间也有一个人为的"泡沫效应"。比赛进行到第一天的尾声,很多玩家会不自觉地紧起来,希望能坚持到第二天。在WSOP中这种效应特别明显,没有人好意思对朋友说自己在第一天就被淘汰了。

我会利用这个人为的泡沫。在第一天最后一个盲注级别的前半段,我会玩得特别紧,但后半段我会改变打法,切换到疯狂模式。我发现很多疲倦的对手心里想的是早点回家吃晚饭,不愿冒险被淘汰。

但是,这个策略也有危险的一面。一些玩家,特别是短筹码玩家,在第一天的后段会玩得肆无忌惮。他们想的是,如果明天我回来,我希望拥有大筹码,否则今天就是我的最后一天。

休息前的最后一手牌

休息前的最后一手牌,我经常会偷盲注,无论我在什么位置。

很多玩家会扔掉本来应该跟我的牌,但他们疲倦了,他们想上厕所,他们想跑过去对朋友诉苦,等等,这时偷盲注的成功率是平时的两倍。如果这个盲注级别的结束同时也是一天的结束,这个策略会更有效,没有人希望在当天的最后一手牌被淘汰。

7
比赛策略

有时，我会"帮助"看起来疲倦的对手安全走出比赛场的大门。"看起来我们玩不了几手牌了"，我会说出来。然后，等他们放松下来，我会偷两到三次盲注。

比赛后期的心照不宣

在比赛后期，经常会出现一个有趣的局面：与一个对手"心照不宣"地淘汰另一个小筹码玩家。

比如说，有一个前五名可晋级的超级卫星赛，现在到了这个卫星赛的泡沫期，还剩下六个玩家，除一个在大盲注位置的超级小筹码玩家之外，大家都有很多筹码。

在这种情况下，不管有多少筹码，他们都应该平跟。面对五手随机牌，大盲注玩家活下来的概率不到17%。

无论翻牌、转牌、河牌，下注都是错误的打法，即使翻出了非常好的牌，也不应该吓跑有可能淘汰小筹码玩家的对手。

在一次锦标赛中，还剩下六个玩家，前五名会得到奖金。我用A-T进入了一个四人的彩池，翻牌是A-T-4，我形成了两对。

这手牌我像傻瓜一样选择了下注。其他人弃牌到小筹码玩家，他用7-4全下。转牌出现了一张4，小筹码玩家赢得了彩池。后来我才知道，一个被我吓跑的玩家拿着K-4，如果我"让到底"把他留在彩池中，他会顺利地淘汰小筹码玩家。

后来，小筹码玩家上演王者归来，反倒把我淘汰掉了。我非常后悔，但是没人同情我。

我不认为这种心照不宣的行为是不道德的，我也永远不会这样说："好的，哥们儿，我们一起跟进去，不要下注或加注，看死他。"我不过是希望其他玩家明白这个策略，如果他们真不懂，休息期间在远离牌桌的地方教教他们也没什么问题。

清晰的数学思维和Bad Beat

虽然德州扑克锦标赛是一项技术性很强的游戏，但是我从来不怀疑想赢得比赛需要非常好的运气。

在比赛的过程中，每221手牌我才会拿到一次口袋A。按照正常的发牌速度，大约每5小时我才能拿到一次。

我们做个思维实验，假设每次我都是在第221手牌拿到A♣A♦。我加注，牌桌上的一个"笨蛋"和我有同样数量的筹码，他觉得自己的牌很好，选择反加注，我全下，他跟注。

我用最好的牌全下了，绝对最好的牌。他亮出来K♠K♥，失望地看到了我的对A。翻牌前我有81.26%的胜率。

经过5天、每天10小时的比赛，我需要10次面对这种局面。10次我都要"不倒霉"才能赢得锦标赛。这个概率是多少呢？

A-A 面对 K-K 全下	生存的概率
第一次	81.26%
第二次	66.02%
第三次	53.63%
第四次	43.59%

7
比赛策略

续表

A-A 面对 K-K 全下	生存的概率
第五次	35.42%
第六次	28.78%
第七次	23.39%
第八次	19.00%
第九次	15.44%
第十次	12.55%

也就是说，在前3次对抗中，我活下来的概率只有60%多点！有近40%的概率我会被Bad Beat。

为了赢得德州扑克锦标赛的冠军，我必须在这种对抗中生存下来。"耶稣"克里斯·弗格森，在获得2000年WSOP主赛事冠军几天后告诉我，比赛中面对可能对自己造成重创的局面，他都会仔细思考甚至"做数学题"。在比赛的后期，他有将近6 000 000个筹码，经过计算，他认为这些筹码相当于25 000美元摆在他前面。简单地说，克里斯用差牌在比赛中全下了很多次，用好牌也在比赛中全下了很多次。重要的是：全下会给你全没的机会。

Bad Beat是比赛中的一部分，不具备这个理念的人是因为不理解数学概率。活到决赛桌的确需要很高的技术，但是也有很多次，运气比技术更能决定命运。

德州扑克有点像俄罗斯轮盘赌，左轮手枪的6个枪膛中有一个有子弹。连续几次扣动扳机我都可以安然无恙，但最终我还是得变成"烤面包片"。

这个复杂游戏的关键是需要意识到 Bad Beat 肯定会发生。如果我想避免 Bad Beat 发生，我得保证对手的筹码比我少。我会时刻谨记：

在德州扑克比赛中，如果我从不对一个大筹码玩家全下，我就不会被淘汰。

概率和数学

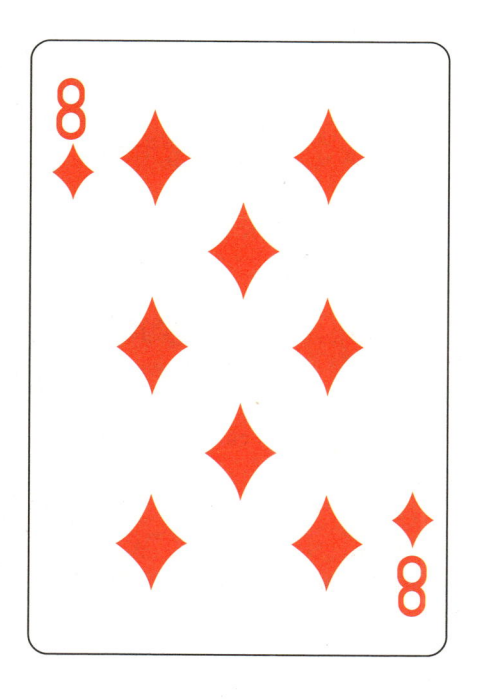

数学在德州扑克中扮演着重要的角色，但就难度而言，所需的知识并不复杂，有小学四年级的水平就已经足够了。

最重要的也是最麻烦的数学运算是计算彩池赔率和隐含赔率，不过这需要的只是简单的四则运算。在德州扑克里，高等数学和数理统计几乎用不到。

这章的内容会引导你理解一些数学概念，这些概念可以使你成为更优秀的德州扑克选手。我会尽可能让这章的内容简单明了，如果你还有一些不懂的，做个深呼吸，取点筹码，拿一支铅笔和几张纸，好好算一算书中的例子。如果你怎么也看不进去，干脆跳过这章直接看关于心理学的下一章。过段时间，就习惯成自然了，不用计算也可以做出正确的决定。

四二法则

我发现了一种计算翻牌后抽牌胜率的简便方法。

首先计算我的"出牌"，即那些可以使我获胜的牌。举例来说，假设我拿着T-9，而我认为对手是A-K（准确地说他是A♠K♦）。翻牌是A♣T♦7♠。虽然对手翻出了对A，领先于我，但是有5张牌（剩下的两个10和三个9）会使我领先。换句话说，我有5张出牌。

用我有的出牌数乘以4可以得到我在转牌或河牌时拿到出牌的概率的近似值。在这个例子中：

$$5 \times 4 = 20（\%）$$

8
概率和数学

根据这个"四法则",我有20%的机会可以在转牌或河牌时拿到制胜牌。经过精确计算,这个概率是21.2%,两者的误差非常小。

到河牌时,"四法则"变成了"二法则"。比如说转牌发出了一张8♣,我没拿到5张出牌中的任何一张,但是8♣给了我一个两头顺子抽牌,一张J或一张6都可以帮我形成顺子。加上8张出牌,我一共有13张出牌,用二法则得到:

$$13 \times 2 = 26 \, (\%)$$

经过精确计算,这个概率是29.5%,已经足够接近了。

为了满足那些追求完美的玩家,我在本书的后面给出了一张精确的出牌概率表,请看本书第183页的"出牌"。

(注意:在有很多出牌时,四法则会有一些误差。当出牌数≥15时,四法则会高估获胜的概率。不过,出牌数很多会导致胜率很高,这时误差的影响不大了。另外,只有在奥马哈中你才能经常有很多出牌,而不是在德州扑克中。)

如果你准备把这个法则教给你的朋友,请叫它"戈登法则"。就我所知,我是第一个发现并提出这个简便算法的人。

计算示例

A-K一共有16种形式:

A♣K♣   A♣K♦   A♣K♥   A♣K♠

A♦K♣   A♦K♦   A♦K♥   A♦K♠

A♥K♣   A♥K♠   A♥K♥   A♥K♠

A♠K♣　　A♠K♦　　A♠K♥　　A♠K♠

A-A一共有6种形式：

A♣A♦　　A♣A♥　　A♣A♠

A♦A♥　　A♦A♠　　A♥A♠

同理，K-K也有6种形式：

K♣K♦　　K♣K♥　　K♣K♠

K♦K♥　　K♦K♠　　K♥K♠

如果我面对的是一个只用A-A、K-K、A-K加注的玩家，他有16∶12的比率拿着A-K。

如果对手也用Q-Q加注，那还要增加6种可能，他有18∶16的比率拿着口袋对。

同花的价值

每个人都知道形成同花的价值，对吗？

实际上，错。两张同样花色底牌的优势要比菜鸟认为的小很多。拿到同花底牌时，很多玩家高估了形成同花的概率。"明星扑克大赛"中的很多名人，面对"同花底牌在河牌形成同花的概率有多大"这个问题时，他们的答案是"大约20%"。

K♠K♥　vs　8♦7♦

全下时，同花8-7有23%的概率获胜。

K♠K♥　vs　8♦7♣

全下时，不同花8-7有19%的概率获胜。

K♠K♥ vs A♣8♣

全下时，同花A-8有32%的概率获胜。

K♠K♥ vs A♦8♣

全下时，不同花A-8有29%的概率获胜。

在上面的几个例子中，你可以清晰地看到同花底牌仅仅比不同花底牌多3%～4%的胜率。换句话说，牌力主要来自底牌的点数大小，而不是它们的花色。翻牌前决定跟注还是弃牌与底牌是不是同花关系不大。

翻牌前的胜负概率

虽然计算两手竞争牌翻牌前的胜负率非常复杂，但是通过记住一些模型还是可以得到近似值的。

胜：一手牌获胜的概率。

负：输掉一手牌的概率。

赔率：如果一手牌有82%的概率获胜，18%的概率输掉，那么就有82∶18，或者说4∶1的优势。这意味着我每跟注10个筹码，彩池中需要有46个筹码才够本。

下表中每种情况胜率大的牌排在前面。

情 况	例 子	胜率(%)	负率(%)	赔率
高对 vs 低对	AA vs 55	82	18	4.6 : 1
高对 vs 低同花连牌	KK vs 87s	77	23	3.3 : 1
一对 vs 同花高低牌	TT vs A2s	68	32	2.1 : 1
低牌 vs 高同花连牌	77 vs KQs	51	49	1.0 : 1
低对 vs 高连牌	77 vs KQo	54	46	1.2 : 1
同花连牌 vs 同花连牌	J♠T♠ vs 6♥5♥	63	37	1.7 : 1
高低牌 vs 中间牌	A2 vs Q8	58	42	1.4 : 1
高低牌 vs 同花中间牌	A2 vs QJs	53	47	1.1 : 1
主导	ATs vs A2	70	30	2.3 : 1
两高牌 vs 两低牌	KTvs 64	64	36	1.8 : 1
交叉牌	Q7 vs T5	63	37	1.7 : 1
最强牌 vs 最差牌	AA vs 72	89	11	8.1 : 1
同花 vs 不同花	AKs vs AKo	53	47	1.1 : 1

表中，AKs指的是A和K同花（suited），AKo指的是A和K不同花（offsuited）。

小劣势，大优势

A-K是德州扑克中最好的牌之一。很多顶级职业玩家拿到A-K时非常凶，就像他们拿着A-A或K-K一样。为什么这样？因为这手牌在大多数情况下，要么有很小的劣势（面对口袋对），要么有很大的优势（面对A-Q等牌）。

8
概率和数学

计算机模拟A-K面对随机的好牌（从A-A到2-2的口袋对，A-K、A-Q、A-J、K-Q）时显示A-K有53.23%的胜率，略有优势。只有在面对A-A时A-K才会真正被主导，但即使面对K-K，A-K仍然有31%的胜率。

想不到的胜率

有些翻牌前的胜率非常有趣，而且出人意料。

面对A-J或8-8时，K-Q处于劣势，不过看看同时面对A-J和8-8时：

底 牌	胜 率
A♣J♦	30.2%
K♦Q♦	36.4%
8♠8♥	33.4%

K-Q突然变得有优势了！

我还找到了一个翻牌前胜率非常接近的例子：

底 牌	胜 率
K♣Q♣	33.3334%
K♦Q♦	33.3334%
8♥4♠	33.3332%

问问职业德州扑克玩家，下面的牌在翻牌前谁有优势？

J♣T♣ vs 5♠5♥

大部分人会回答5-5。我知道我也会这么说，我认为每个对牌都比非对牌好。在这个例子中，5-5似乎应该领先，但是实际上J-T同花有不小的优势：

底　牌	胜　率
J♣T♣	52.46%
5♠5♥	47.54%

彩池赔率和隐含赔率

德州扑克中能用到的最复杂的数学知识出现在计算彩池赔率和隐含赔率时。准确计算这些赔率是在牌桌上做出正确决定的关键。我会举例说明这些概念。

——彩池赔率——

对手和我都有2500个筹码。转牌发出后彩池中有5000个筹码。对手全下，产生了一个7500个筹码的彩池。我应该跟吗？

首先，我需要计算彩池赔率，或者说我能赢的筹码与我要投资的筹码的关系。彩池赔率通常描述成比率，即

彩池赔率=（总彩池筹码/跟注需要的筹码）：1

在这个例子中：

彩池赔率=（7500/2500）：1=3：1

8
概率和数学

因此，跟注会给我3∶1的彩池赔率。这到底意味着什么呢？这可以帮助我计算我需要多大胜率跟注才够本。"3∶1"实际上意味着每输三次我需要赢一次才能达到收支平衡。这里还需要处理一下，输三次赢一次实际上相当于投资四次。当我计算我的收支平衡率（Break Even Percentage），即BEP时，我需要把那次额外的投资加到公式中：

收支平衡率=1/（彩池赔率中赔的次数+1）

在上面的例子中：

BEP=1/（3+1）=1/4=25%

在这个例子中，我需要有25%的胜率才能收支平衡。只要有25%或更高的胜率，跟注对我来说就是正确的。少于25%，数学告诉我正确打法是弃牌。

在德州扑克中，全下是经常遇到的局面。在这些时候，掌握彩池赔率的计算方法是成为一个伟大的、成功的德州扑克玩家必备的技能。

——隐含赔率——

在上面那个对手全下的例子中，我跟注要花的2500个筹码是我仅有的筹码。

如果下条街（下一张牌）对手还有足够的筹码下注，情况要复杂得多，我不得不借助"隐含赔率"来弄清我该怎么办。

隐含赔率=（彩池筹码总数+对手未来可能跟注的筹码数量）/（我现在需要跟注的筹码数量+我未来可能跟注的筹码数量）∶1

我们看个例子:

对手和我都有5000个筹码,当转牌发出后彩池中已有5000个筹码。对手下注2500个筹码,产生了一个7500个筹码的彩池,他还剩下2500个筹码。我们假设,如果我在河牌上拿到制胜牌,对手会把他剩下的2500个筹码输给我。我也知道如果我错过了河牌,我不会再向彩池中投入筹码了。那么现在我跟注2500个筹码后我的隐含赔率是多少呢?

隐含赔率=(彩池中的7500个+成牌后我会赢的2500个)/(我现在要跟注的2500个+我未来可能跟注的0个):1

数学告诉我跟注的话我会获得4:1的隐含赔率。我该跟吗?经过计算我知道我的收支平衡率为:

$$BEP=1/(4+1)=1/5=20\%$$

如果我在河牌上有20%的概率拿到制胜牌,隐含赔率告诉我,我应该跟注。

是的,这有点复杂。但是好消息是,这是玩德州扑克需要的最复杂的数学。

下面这个表格列出了对手可能的下注量(相对彩池大小),我跟注获得的赔率,跟注需要的收支平衡率。

对手相对彩池的下注量	赔率或隐含赔率	跟注需要的收支平衡率	还有两张牌没发时的最少出牌(张)	还有一张牌没发时的最少出牌(张)
1/4个彩池	5.0:1	17%	5	9
1/2个彩池	3.0:1	25%	7	13

8
概率和数学

续表

对手相对彩池的下注量	赔率或隐含赔率	跟注需要的收支平衡率	还有两张牌没发时的最少出牌（张）	还有一张牌没发时的最少出牌（张）
3/4 个彩池	2.3 : 1	30%	8	15
1 个彩池	2.0 : 1	33%	9	17
2 个彩池	1.5 : 1	40%	10	20

通过这个表格，可以推断出德州扑克中的一些潜在规律：

♠ 如果对手在翻牌后用小于等于彩池数量的筹码全下，那么用顺子或同花抽牌跟注会获得合适的彩池赔率。

♠ 如果对手在转牌后用大于等于彩池数量一半的筹码全下，那么无论用什么抽牌跟注都是错误的。

♠ 在转牌后，至少要下注1/2彩池的筹码才能使对手的抽牌没有合适的赔率。

如果你数学很好，可以理解上面这些潜在的规律，非常棒！如果你没理解，我建议你把它们记住，这些情况会一次次地出现。

心理学

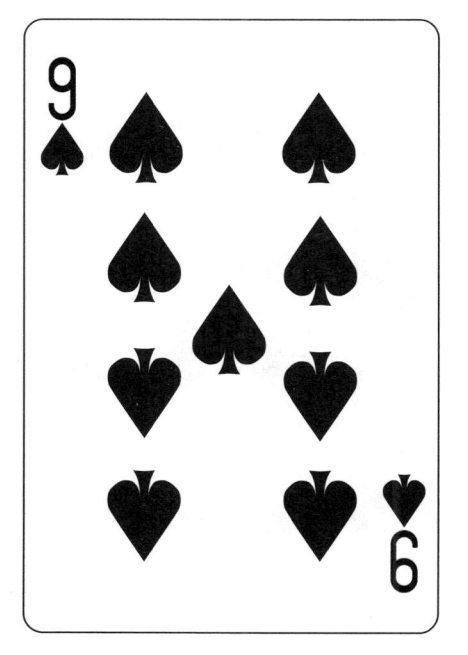

刚看完关于数学的章节，你可能有点云里雾里的感觉。没关系，虽然数学对德州扑克来说很重要，但是心理学更重要。

不管你数学多好，数字游戏永远不会让你真正成功。但是，如果掌握了这个游戏的心理学，你就可能成为一个成功的德州扑克玩家。

有很多伟大的玩家从来不看胜率表格，也不用四二法则。虽然过程可能会痛苦，但只要经过几年的实践，扑克背后的数学关系会变成一种直觉。

可是，扑克心理学却不会这样。进入对手的脑袋，找到他们的弱点，想办法赢取他们的筹码，保持冷静，知道什么时候改变打法——这些都是我们应该时刻注意的。

扔掉大牌

想在德州扑克上成功必须具备扔掉大牌的能力。

经常出现这种情况：我的牌不小，彩池中的筹码也很多，但是经过认真分析后发现我的牌可能不是最好的牌。能避免在这种情况下跟注是成功的关键，但扔掉好牌非常困难。

当我想扔掉大牌时，我会考虑下列因素：

- ♠ 我是不是经常能读出对手的底牌？如果能，我会扔掉大牌；如果不能，我会跟注。
- ♠ 如果有合适的彩池赔率，我会跟注，否则我就会吃亏。彩池赔率合适时的弃牌不叫扔大牌，而叫犯大错。

9
心理学

- ♠ 对手尊重我的打法吗？如果尊重，我会扔掉大牌；如果不尊重，我会跟注。
- ♠ 最近我被迫扔过好牌吗？如果扔过，我会跟注，我不能成为牌桌上的软蛋；如果没扔过，我会弃牌。
- ♠ 在当前的局面下，对手很容易犯错误吗？如果容易犯错误，我会跟注；如果不容易犯错误，我会弃牌。

我最漂亮的一次弃牌发生在2001年WSOP主赛事。当时还剩下两桌，13个玩家。我是我这个桌子拥有筹码最多的，一共有650 000个筹码，比平均筹码多200 000个。第二名有620 000个筹码，是菲尔·赫尔穆特，他打得非常紧。每个人都想挤进第二天的决赛桌，届时探索频道会直播。我们已经一个小时没看翻牌了。

当时的盲注是3000/6000个筹码，底注是1000个，麦克·马图索（Mike Matusow）——世界上最好也是最危险的玩家之一，在枪口位置加注20 000个。下面的两个玩家弃牌到我，我瞥了一眼我的牌，K-K，我开始发抖，是的，我在抖，我确定。我尽可能保持冷静，加注到100 000个。我不想看翻牌，如果麦克用他剩下的300 000个左右的筹码全下，我跑不掉了。

但是麦克没获得机会。行动权到了小盲注玩家，菲尔·赫尔穆特考虑了不到15秒后，把他的所有筹码推到了中间。

麦克苦笑了一下，选择了弃牌，给观众看了他的牌，我估计是Q-Q。现在该我说话了。我的上帝，我在想，菲尔拿着口袋A。

但是我能扔掉我的口袋K吗？我稳了稳，然后花了点时间找证据：

- ♥ 我是不是经常能读出对手的底牌？是的。如果菲尔的确有A-A，他会这么打。彩池中已经有150 000个，而且他位置不好，全下的行动是他有对A的最好证据。
- ♥ 我真的被彩池套住了吗？没有，如果我弃牌，我还有550 000个，仍然是中筹码。
- ♥ 对手尊重我的打法吗？不见得，除了他自己，菲尔·赫尔穆特不尊重任何人。话虽这么说，但他会尊重我的加注，因为上三次加注我两次亮出A-A，一次亮出A-K。
- ♥ 最近我被迫扔过好牌吗？没有，很久我都没有陷入战争中了。
- ♥ 在当前的局面下，对手很容易犯错吗？绝对不容易。就像我说的，上三次我亮出来的牌都非常强，这次我反加注了一个枪口位置的玩家。菲尔会认真考虑我有A-A的可能性。如果他认为我可能完全主导他，他是不会拿整个比赛冒险的。

证据似乎支持我的最初判断：菲尔有A-A。我把K-K扔进废牌堆里了。

换成另一个玩家我可能会再想想，除了菲尔·赫尔穆特。他骄傲地亮出了他的A-A。"你有什么，戈登，"他刺激我，"A-Q？"

"不，"我回答，"不过是K-K。"菲尔怀疑我，他不相信我会扔掉K-K。我把我的K-K从废牌堆里拿出来给大家看，观众都为我鼓掌。这是我人生中最重要的时刻之一，不仅因为我做出了我一生中最漂亮的弃牌，还因为我赢得了全场的尊敬。我最终获得了比赛的第四名，比菲尔·赫尔穆特好。

9
心理学

🎴 干掉他们

> 我看他们的眼睛,握他们的手,拍他们的后背,祝他们好运,但是我在想:我要干掉你们。
>
> ——大师赛冠军 赛弗·巴列斯特罗斯(Seve Ballesteros)

我在牌桌上会尽量做一个讨人喜欢的家伙,谦虚、亲切、友善。但是请不要把我的好脾气错当成同情心,一旦我的牌好上了天,我的目标是干掉每一个对手。

我不会对任何人手软,即使是我的朋友,我也不会尊重对我手软的朋友。无论在现实世界是什么关系,在牌桌上都应该忘掉。对德州扑克玩家来说,在牌桌上不能谦让。

说起这个,有些男人,不知道是因为怜香惜玉还是因为性别歧视,他们会对女士手软。我不这样,我对男女一视同仁,胜者为王。

🎴 被Bad Beat后

当我被Bad Beat后,我会尽可能快地忘记它。我经常安慰自己,我刚刚打了一手漂亮的牌,翻倍了,或者我Bad Beat了我的对手。我不能控制发牌员发出来的牌,但我能控制我自己的情绪。

有一点很有趣,Bad Beat也会对对手造成心理影响。他们可能不知道我已经冷静了,可能认为我还在失控中。我发现在我被Bad Beat后对手经常会玩得很松、很有侵略性。

一个典型的例子发生在2001年的WSOP上。还剩下55个玩家,我在后段位置拿到对A,我标准加注,大盲注玩家反加注到全下,我很快跟注。他亮出口袋9时表情很难看,但是翻牌出现的一张9让我输掉了一半的筹码。

我惨了,但是我没有失控。"打得好,先生。"我对他说,然后安慰自己翻倍的人是我。

当我还在神游时,我看了下下一手底牌:又是口袋A!我做了同样的加注,按钮玩家可能认为我还在为上一手牌生气,他选择反加一个大注。我决定跟注,以便在翻牌时挖坑。

翻牌是T-7-2彩虹牌,我让牌到对手,他全下,我非常高兴地跟注。他在诈唬,没有对,甚至都没有抽牌。对我心理状态的误判致使他犯错,我赢回了很多筹码。

迷信

"迷信者必倒霉。"

——安德鲁·马西斯(Andrew Mathis)

上风期

很多玩家相信"上风期",似乎在这时会神奇地连续出现好牌。即使优秀的玩家也不能幸免,他们中的很多人在赢下一个大彩池后总是喜欢看一下后面的牌,目的就是看看他们是否处于上风期。

不管怎样，数学上严格意义的上风期并不存在。但是，从心理学的观点来看，情况就不一样了。一个相信我处于上风期的对手在面对我时会打得很小心。面对这种疑神疑鬼的玩家，如果我玩得松一点，用不了多久，他们预言的"上风期"就会真的出现。

我也会尽量与那些相信自己正处于上风期的玩家一起进入彩池。因为他们"知道"自己会拿到想要的牌，所以他们会高估自己的牌。面对这种玩家我拿到好牌时，会下一个大注，让他们为自己的迷信行为买单。

观察对手的下注习惯

我总是研究牌桌上的对手，寻找他们的下注习惯加以利用。下面是一些常见的下注习惯以及我相应的策略：

- ♣ 有些玩家总是有好牌就下注，没有就让牌。当他们下注时，我就小心点；当他们让牌时，我就会下注。
- ♣ 有些玩家总是用同花或顺子抽牌下注。当翻牌后桌面上出现"同花可能"或"顺子可能"时，对付这些玩家我会下一个大注。
- ♣ 有些玩家如果在翻牌前下注了，翻牌后他们总是领先连续下注。对付这些玩家，我会用大牌在好位置平跟，设法在翻牌时挖坑。
- ♣ 有些玩家翻牌后无论拿到什么牌都会诈唬，但是在转牌后不会继续诈唬。就是说，他们只有一发子弹。对付这些玩家我经常在翻牌后跟他们下注。如果转牌后他们下注，我就知道我被击败了；如果他们让牌，我就知道彩池归我了。
- ♣ 有些玩家诈唬时喜欢下大注。当这些玩家在河牌后下大注时，我非常可能会跟。
- ♣ 有些玩家拿着弱牌会下一个小注，他们害怕被彩池套住。当他们下小注时，我会加注。

需要注意的是，仅凭一手牌无法确定对手的下注习惯。看到对手连续三四次采用相同的打法玩牌，我才能确定这是他们的习惯打法。

我也会关注我自己的习惯打法，如果我的打法有规律性，我会注意改变。举例来说，如果我连续三手同花或顺子抽牌都下注了，下次再拿到时我会让牌。

击败紧弱型玩家

虽然表面上看很难从紧弱型玩家那里赢得筹码，因为他们很少看翻牌，而且一般来说如果没有大牌他们不会投入太多的筹码，但是，这些玩家有一个致命的弱点：他们弃牌太多。

对付紧弱型玩家，我觉得玩得松一些是对的。我用边缘牌下注或诈唬时，他们会弃牌。当他们终于决定要下大注时，我可以轻易弃牌并相信我做的是对的。

不要忘了，在德州扑克中翻出大牌很难。等了A-K一天的玩家即使拿到了A-K，在翻牌上也只有35%的可能拿到一对或更好的牌。

所以，虽然我不指望能从紧弱型玩家那里赢下大彩池，但是赢一些小彩池或送我一些盲注我还是很开心的。

♣ 击败松手玩家

松手玩家最大的错误就是没有好牌时还喜欢下大注。对付这些玩家，我觉得玩得紧一点是对的，翻牌拿到好牌是件困难的事情。

一个玩家连续10次进入彩池，只有35%的可能拿到一对或更好的牌，其他65%的可能是一无所获。

因为一个松手玩家不可能每次下注都有好牌，我只要在翻牌时等一手好牌，这样就可以通过下注或加注拿下彩池。

♣ 击败跟注站

有一些玩家会用任何两张牌玩到底，他们很少加注，希望跟到河牌看看能不能成牌。我叫他们"跟注站"。我爱跟注站。我想问他们的家庭住址，这样我就可以第二天送给他们礼物……当然，礼物是用他们的钱买的。

跟注站无疑是最容易对付的玩家。对付他们我从来不诈唬或慢玩。我会连续下价值注让他们跟注，当我有坚果牌或好牌时我会下大注。

击败超凶的对手

我不是喜欢慢打的人，但是，面对超凶的对手，我还是会改变风格。在没牌的情况下超凶玩家也会开两枪甚至三枪来诈唬，我更喜欢采用先让牌后跟注的策略让他们自投罗网。

我发现如果我位置不好或者我在翻牌后让牌，这些玩家总会下注；我还发现这些玩家经常在河牌后下大注诈唬。事实上，超凶玩家能做的最可怕的事情是下一个小注，这是他们真有牌并且想狠赚一笔的信号。

对付超凶的对手，我会放弃小彩池，把大赚一笔的机会留在我有大牌时。

采用超凶打法对付超凶的对手就把扑克变成了纯粹的赌博。在面对芬兰的尤哈·海尔皮（Juha Helppi）时我就犯了这样的错误，他直接把我打出了 WPT 的第一个赛季。我应该让他自投罗网，而不是用差牌向他不断施压。我被上了一课，而且这场比赛还是全国直播！

改变打法的时机

2001年WSOP主赛事第三天后期，我坐在一个8人的桌子上。比赛还有47个玩家，其中45个玩家能拿到奖金。我开始做我在泡沫期喜欢做的事了：偷盲注。几乎每个彩池我都玩，每次下注2.5个大盲注，成功地偷到了100 000个筹码的盲注和底注。后来，有人开始向

9
心理学

我加注。好吧，我想，也许他拿到了A-A。下一手牌，我又被加注了，这次是另一个玩家。现在我知道这是针对我的。这个桌子上的人受够了，意识到了我不会总有好牌。这时就应该改变打法了。

当牌桌的状态和局面发生了变化，使我有足够的理由改变策略时，我会选择做出调整。

碰到以下情况，我加速，或者说玩得更有侵略性：

- ◆ 当某个对手被淘汰时，特别是在决赛桌。
- ◆ 当盲注刚刚增长时。
- ◆ 如果对手害怕我或我形象很紧时。
- ◆ 如果对手被抓诈唬了。

碰到以下情况，我减速，或者说玩得更保守：

- ♠ 当我的筹码发生重大变化时，无论是增加还是减少。
- ♠ 当牌桌上出现了一手大牌时，这时人们需要花点时间弄清牌桌的情况。
- ♠ 当我来到一个新牌桌时。
- ♠ 当有很多短筹码玩家时。
- ♠ 如果上一回合打得很激烈。
- ♠ 如果我最近被抓诈唬了。
- ♠ 如果牌桌上有人相信自己在"上风期"。

座位选择

座位选择是德州扑克成功的重要因素之一。当我有机会选择座位时，我会让松手型玩家坐在我的右边，让紧手型玩家坐在我的左边。

让松手型玩家坐在我的右边，我就能通过加注把他们拣选出来与我单挑，翻牌后我会获得更好的位置。

让紧手型玩家坐在我的左边，在按钮位置时我就可以偷他们的盲注。

制订一个比赛计划

我会针对牌桌上的每个玩家制订不同的计划。下面是一些常见的有弱点的玩家，以及对付这些玩家的办法。

♥ 翻牌后习惯下大注的玩家。

对付这些玩家，有好位置时我会玩很多牌。我希望翻牌前的弱牌能在翻牌后变成强牌。我甚至会凭借平跟的方法进入彩池，以便看到更多的牌。

♥ 翻牌后喜欢下小注的玩家。

在德州扑克中，当对手下注数量准确时，抽牌一般都没有太大的价值。但是，对付喜欢翻牌后下小注的玩家，我会玩更多的抽牌，即使位置不好也没关系，因为我会拿到合适的追牌价格。

♥ 经常 Check-raise 的玩家。

对付这些玩家，拿着强牌时我会下注，拿着抽牌时我会让牌。

♥ 喜欢跟大注抽牌的玩家。

通常我会下注一个彩池，有时甚至更多，但不会更少。

♥ 习惯慢玩大牌的玩家。

9
心理学

他们让牌我也会让牌,他们下注我就加注。

♥ 很少保护盲注的玩家。

当他们在盲注位置时我会肆无忌惮地加注。

♥ 过分保护盲注的玩家。

我会等一手非常好的牌,这样我就可以下一个大注,5倍或6倍大盲注,而不是3～4倍。

亮牌

一手牌结束后我几乎从来不亮牌,每次亮牌都会泄露信息,对手可以利用这些信息来对付我。亮出一个大诈唬或大弃牌的确很让人自我陶醉,但是从效果看这是一个缺乏远见的行为。这么做或者会影响未来诈唬的效果,或者会让对手对我玩得更凶。

如果在锦标赛中选一两手牌亮牌,我会注意当前的局面,我是什么打法,谁在观察我。下次我遇到相同的局面,我会采取另一种打法。

失控

使劲摇一个弹球机,它会失控。同样的事情也会发生在情绪激动的玩家身上。玩家们有各种各样的失控原因:

♣ 他们刚被 Bad Beat。

♣ 他们刚打了一手臭牌。

- ♣ 比赛时裁判做了一个不利于他们的判罚。
- ♣ 送鸡尾酒或送筹码的服务生怠慢了他们。
- ♣ 他们被牌桌上的另一个玩家教训或刺激到了。
- ♣ 他们接了个电话让他们赶紧玩完回家。
- ♣ 他们很长时间没拿到能玩的牌。
- ♣ 他们错过了很多次翻牌。
- ♣ 牌桌上的"一条鱼"靠运气赢了很多彩池。
- ♣ 一个高手正在收拾"一条鱼",但是他们却等不到这样的机会。
- ♣ 他们被通知换桌,恰巧被换到盲注位置,而且盲注相对他们的筹码还很大。

大部分失控的玩家会玩得很凶。他们会用差牌下大注,他们会到处找机会,他们会瞄准那些让他们失控的玩家。

但是,另一些失控的人会采用松弱打法。他们总想溜进彩池,在位置不好的情况下跟注,希望能翻出大牌。

下面这些信号可以帮助我确定某个玩家是不是失控了:

- ♦ 他喃喃自语。
- ♦ 他失望地摇头。
- ♦ 他对牌桌上的另一个玩家表现出愤怒。
- ♦ 他责备发牌员或服务生。
- ♦ 他在给击败他的人"上课"。
- ♦ 他用差牌跟很多注,希望也能送给对手一个 Bad Beat。

如果我确定某个玩家失控了,我会找机会对他的这种情绪状态加以利用,我甚至会努力让他保持失控久一点。

9
心理学

🎴 隐含情绪赔率

一些玩家在被Bad Beat或打了一手臭牌后容易变得不冷静,这会导致他们在比赛时直接崩溃。最极端的例子是他们会用不合时宜的凶狠打法和难以置信的错误决定直接失掉他们所有的筹码。

如果我发现一个家伙总是在被Bad Beat后失控,我会想办法送给他一个Bad Beat。是的,我知道这么打违反赔率规则。但是对付一个潜在的失控者,我有时候还会这么做,因为如果我够幸运,对手会在50手牌内把筹码都给我。我的"隐含情绪赔率"很高。

相对于锦标赛,现金局用这种策略更有效。比赛中,在我准备利用隐含情绪赔率之前对手往往就被淘汰了。

🎴 牌桌的选择

如果玩现金局时我能选择桌子,我会找一个最适合我能力和心态的牌桌。

如果我抱着投机的心态,我会找一个紧一点的牌桌。长期看,紧一点的牌桌更适合我,因为偷盲注和彩池的效果会更好。

如果我抱着慢慢磨的心态。我会选一个松一点的牌桌。一旦我不能采用上述策略,我会选择一个松一点的牌桌玩得紧一点,这个策略一般都会奏效。

如果我失控或烦躁了,我会选择一张棕色的桌子,因为我家的餐桌就是棕色的。

下注的时间

我会尽量让我思考的时间保持一致，不太快也不太慢。

有时面对艰难的抉择我也会考虑得久一点，当然，这种反常的长时间考虑会为对手读牌提供信息。

诈唬

如果没人诈唬我，原因一定是我跟注太多了。相反，如果我从来不被抓诈唬，原因一定是我诈唬得不够。

在锦标赛早期或锦标赛某阶段的早期，我会通过诈唬来甄别对手。如果一个拿着边缘牌的对手会追一个大彩池，那么他不太具备诈唬性。

做大诈唬

德州扑克中有小诈唬，也有大诈唬。

在恰当的时机来个小诈唬（偷盲注、底注、小彩池）已经是游戏的一部分了，但做大诈唬是一门艺术。如果我确定我的牌不是最好的，但是我还是想做个大诈唬，我会在脑子里好好过一过下面的要点：

- ♠ 对手相信我玩得很紧。
- ♠ 对手最近没看到过我诈唬。
- ♠ 对手最近没有被其他玩家诈唬。被诈唬了的玩家（他自己也意

9
心理学

识到被诈唬了）或抓住了别人诈唬的玩家更可能会跟注。

- ♠ 对手很可能拿着弱牌或中等牌。
- ♠ 比赛的局面让对手很难跟注：我们在泡沫期，他有大筹码，只有我能收了他；或者我们已经进入钱圈（In the Money, ITM）了，很多短筹码玩家马上就要被淘汰了。
- ♠ 彩池非常大。
- ♠ 我能确定如果不下注我这手牌会输。
- ♠ 对手不太可能有一手好抽牌。
- ♠ 对手丝毫没有被彩池套住。
- ♠ 如果他跟注并且我的牌像我表现的那样，他会破财。
- ♠ 这手牌我一直表现得很强，或者我的下注让他觉得刚才发的牌给了我很大帮助。

> 穷寇勿迫。
> ——《孙子兵法》

我做的最大的诈唬发生在2004年圣何塞举行的Bay 101 Shooting Star锦标赛上。当时就剩下决赛桌的四个人了，我的筹码比马苏德·苏查尔稍微领先，800 000个对600 000个。

我玩得非常紧（四人局），过去几个小时我没亮过诈唬牌，我感觉我赢得了牌桌上玩家的尊重。

当时盲注5000/10 000个，2000个底注，马苏德从枪口位置加注到35 000个。我没有大牌，K-3不同花，但是我感觉他不强。我相信我的直觉，我在小盲注的位置加注到135 000个，希望能立即拿下彩池。

马苏德很快就跟注了，我差点吐了。"菲尔"，我对自己说，"这手牌和你无关了，除非你在翻牌上拿到坚果牌，否则不要再往彩池里扔筹码了。"

翻牌发出9♠8♦6♣，我让牌。有意思的事发生了，马苏德也让牌了。我眼睛亮了，马苏德从来不慢玩，现在彩池这么大，稍微有点牌他都会下注，我几乎可以确定他会用A-T以上的牌下注。他的牌一定很弱，我认为他拿着K-Q、K-J、K-T或者小口袋对。

转牌发出Q♣，看起来对我来说是好牌。除非马苏德有K-Q，否则他不太可能提高牌力了。只要下注，就非常有可能让他扔掉K-J或小口袋对这样的牌。鼓足勇气，我把200 000个筹码推到中间。

马苏德跟注时我都冒汗了，观众也倒吸了一口凉气。他可能有什么呢？

我确定如果他有K-Q他会全下。我不认为他会用小口袋对跟注，除非是8-8，但如果是8-8，他会在翻牌后下注，这不合理。我发现，K♣T♣完全适合跟注。他有同花抽牌和双卡槽抽顺，他在抽牌，他不知道他的牌比我好，而且我几乎没有什么牌可以抽了。

河牌是Q♦，我快速地想了想下面的要点：

♥ 对手相信我玩得很紧。**非常对。**

♥ 对手最近没看到过我诈唬。对。

♥ 对手最近没有被其他玩家诈唬。对。

♥ 对手很可能拿着弱牌或中等牌。对。

♥ 比赛的局面让对手很难跟注。对（如果他跟错了，会消耗他

9
心理学

100 000 个筹码）。

- ♥ 彩池非常大。非常非常对。
- ♥ 我能确定如果不下注我这手牌会输。非常对。
- ♥ 对手不太可能抽到一手好牌。不可能了，因为河牌已经发出来了。
- ♥ 对手丝毫没有被彩池套住。如果他弃牌，他会剩下250 000 个筹码，他的筹码第三多。
- ♥ 如果他跟注并且我的牌像我表现的那样，他会破财。如果他跟错了，他的筹码会变成第四多。
- ♥ 这手牌我一直表现得很强，或者我的下注让他觉得刚才发的牌给了我很大帮助。我在翻牌前加注，这是强硬的表现。虽然我在翻牌后让牌了，但是可能是我想 Check-raise。我在转牌后非常强硬地加注。到目前为止，我的表现就像我拿着 K-Q 或 A-Q。

情况就是这样，我要做的就是继续鼓足勇气。做了个深呼吸后，我全下了。

马苏德立即弃牌了，我兴奋地亮出我的诈唬牌，但是马上就后悔了。我不应该向牌桌上的对手亮牌，比赛后我向马苏德道歉了。后来，我看了电视转播，发现马苏德的确拿着K♣T♣。

其他因素

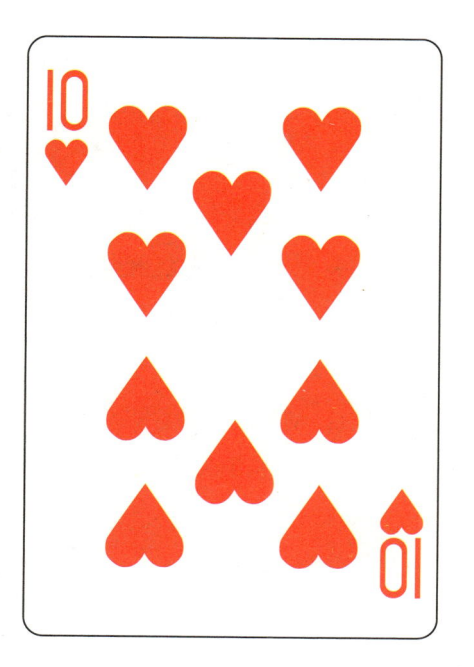

除了彩池赔率、心理学，甚至扑克本身，还有很多因素对玩家的成功至关重要。在这章，我将介绍一些能为你带来高胜率和大收益的其他知识。

筹码和资本

玩一个对我来说很大的牌局时，如果我有很好的牌（但不是坚果牌），我还是不太敢把所有的筹码都扔进彩池。

玩一个适合你的牌局对你的成功至关重要。我认为玩一场无限注德州扑克游戏需要买入100个大盲注。如果游戏的盲注是5/10个筹码，我会买入1000个筹码，只有我的资本是买入的15～20倍时我才会觉得安全。

也就是说，如果一个游戏不限制买入量，我会尽可能多地买筹码。有了最多的筹码，无论对手筹码有多少，我都可以让他犯最大的错误。至少我会买到可以清空其他任何一个玩家的数量。如果我的筹码被消耗完了，我会补足以便能收了那些比我筹码少的玩家。

我很少用小于最大买入量的筹码上桌。如果我相信我是牌桌上最好的玩家，我应该带尽可能多的筹码上桌。如果做不到这一点，那我会去另一桌玩。

10
其他因素

♠ 游戏时长

如果我一直赢，对手一直输，我会尽可能在牌桌上多待些时间，理由如下：

- ♠ 对手想把输的赢回来，有很大压力。
- ♠ 对手非常可能不在最佳状态。
- ♠ 对手会变得小心翼翼，因为他们担心再输。

职业玩家泰德·福瑞斯特（Ted Forrest）可能是世界上连续作战能力最强的玩家，据说他曾经连续玩120小时（还赢了）。当然，这种玩法不值得推荐。

如果我输了，我会找各种理由离开牌桌。即使我知道我打得不错，我也会离开。要玩就应该在最佳状态玩，不错是不够的，最佳才是我的目标。我起身离开是因为：

- ♥ 对手状态非常好。
- ♥ 对手不太可能给我以往的尊重。
- ♥ 对手玩得很自信。
- ♥ 因为我的紧弱形象，诈唬可能不会起作用。

♣ 不要设定目标

在牌桌上，我从来不为自己设定目标，无论是锦标赛还是其他游戏，我的目标是争取每一手牌的利益最大化。但是，很多玩家会为自己设定各式各样的目标：

- ♣ 今天结束后我要有中等数量的筹码。
- ♣ 我要活到这个级别结束时。
- ♣ 我要进入钱圈。
- ♣ 今天不想输掉 2000 个筹码。
- ♣ 我的筹码量在平均筹码之上,我不必玩太多的牌。
- ♣ 我要离开牌桌了,因为我今天已经达到了收获 5000 个筹码的目标。

为自己设定目标的玩家玩的是次一等的扑克。他们没达到目标时,压力会很大;他们达到目标后,又会太放松。

刺探军情

参与一个牌局前,如果我对其中的玩家不了解,我会尽可能观察30分钟后再坐下。

如果没法观察,比如锦标赛换桌或重置,那么我会问问我的牌友,看看他们是否知道我那桌玩家的风格和习惯。在德州扑克中信息非常重要。

拿回盲注

拿回盲注是现金游戏中常见的情况。如果大家都弃牌到大小盲注玩家,他们可以拿回自己的盲注直接进入下一局。

为什么他们愿意拿回盲注呢?

10
其他因素

- ♦ 因为他们不喜欢单挑。
- ♦ 因为彩池一般很小。
- ♦ 因为他们是朋友。
- ♦ 避免扑克室收这手牌的"水费"。
- ♦ 加快游戏节奏。

我一般不拿回盲注,除非我在小盲注位置(位置不好)时。我在大盲注位置(位置好)时不会拿回盲注。遗憾的是,没有太多对手会让我这样做!

不要敲打"鱼缸"

我刚开始玩德州扑克的时候,有一次我在北加州的一个小娱乐场玩,一起玩的还有我的好朋友——失控男孩[①]之一"骰子男孩"戴夫·兰伯特(Dave Lambert)。我们在一个10/20的限注游戏中厮杀了好一阵子。

牌桌上有个玩得非常烂的玩家,差不多每手牌戴夫都能从他那里赢很多筹码。这条"鱼"是那种想看每个翻牌、想跟每个抽牌、给每个玩家送筹码的家伙,他基本上相当于一个"自动提款机"。

一个小时后,这个家伙开始抱怨输得太多了。"咳,如果你不是每手牌都看翻牌,你不会总输。"戴夫对他说,"哥们儿,我赢你就像赢一个毛头小子。"不出所料,"鱼"生气了。我非常

[①] 失控男孩:是我1992年在北加州一起玩德州扑克的13个朋友组成的团体。

担心，不是担心他会打戴夫，而是担心"鱼"换桌子或直接离开。"嘿，骰子男孩，"我不动声色地说，"不要敲打鱼缸。"

戴夫笑了，不再讽刺那条"鱼"。之后他彻底改变了态度，开始对那个家伙变得非常有礼貌。"鱼"又和我们玩了三个小时，我们两个从他那里赢了许多筹码。

是的，这个故事说明了一个道理：如果鱼就在鱼缸中，不要敲打鱼缸把鱼吓跑。

熟能生巧

"我是非常相信运气的人，我越努力就会越幸运。"

——本杰明·富兰克林（Benjamin Franklin）

几乎每个优秀的玩家都曾当过"提款机"，优秀来自总结经验和不断自我完善。

我玩牌时会把现在的情况和以前的情况进行对比，希望找出差别，取得更大的进步。

不健康的玩家

虽然大部分人都在享受玩扑克，无论是业余玩家还是职业选手，但是其中还是有一些不健康的玩家。我说的不健康的玩家指的是真有情绪或心理问题的人。

10
其他因素

很多不健康的玩家输牌时会感到解脱了，这是他们确定自己不幸、活该、被诅咒的唯一方式。比赛后我会努力帮助这些玩家，但比赛时我不会心慈手软。在牌桌上就应该认真，我不会对任何人手下留情。

在现金局中我经常找不健康的玩家玩，在锦标赛上偶尔也这样。他们希望被击败，他们希望河牌帮到我，他们希望我每次抽牌都能拿到。对付这些玩家，我经常在河牌发出一张吓人牌后下注或加注，即使这张牌没帮到我。虽然我对他们有愧疚，但是满足他们的需求是我的职责。

在这桌上，在另一桌上，在其他桌上，他们都会输。总有人会获得他们的筹码，我希望这个人是我。

在牌桌上戴墨镜

我打牌时不喜欢戴墨镜，我也不喜欢戴墨镜的玩家。大部分人认为戴墨镜可以隐藏他们的眼睛，保护自己不被抓到Tell。其实，即使戴墨镜，还是可以从他们的眼睛或瞳孔的变化中发现Tell。

在牌桌上玩家戴墨镜即使会有优势，但他们在观察其他玩家时自己也会受到影响。

我强烈反对玩线上扑克时也戴墨镜，这会吓到家人。

激进打法是伟大的平衡器

当我在短桌上对抗一个更优秀的玩家时，我会提醒自己：激进打法是伟大的平衡器。如果每个玩家的筹码都不多于25个大盲注，那么击败一个激进玩家的概率很难超过2/3（实际上，这在数学上是不可能的）。

最经典的一个例子发生在WPT第二季杜威·唐克（Dewey Tomko）与保罗·菲利普（Paul Phillips）单挑时。当时两人的筹码比例是4∶1，杜威处于绝对劣势，因此他决定每手牌都全下。这让保罗很郁闷，面对一个把把全下的玩家，什么时候该跟注呢？

假设我在锦标赛单挑时遇到了世界上最好的选手，我们都有25个大盲注筹码。如果我每手牌都全下，即使对手知道我在这么做，他击败我的概率也不会高于65%。当他拿到A-7时会跟我吗？如果会跟，面对7-2（我能拿到的最坏的牌），他有75%∶25%的优势；面对8-3，他有65%∶35%的优势；面对小口袋对，他有45%∶55%的劣势；面对A-8或更好的牌，他有25%∶75%的劣势。我想说的是，即使他知道我每手牌都全下，他也非常可能会用A-7跟注。但是面对两张随机牌，他的胜率不会超过60%。

遇到世界上最好的玩家，激进打法是比保守打法更好的策略。我永远不会让自己被蚕食掉或被盲注拖死。

10 其他因素

♣ 比赛结构

好的锦标赛赛制（技术比运气更重要的比赛）盲注级别较多，盲注逐步增长。我觉得WSOP的盲注结构是我见过的最好的。

如果锦标赛盲注增长较快，那么比赛策略也要随之改变。

- ♠ 因为盲注增长得较快，我也需要玩得更快，即玩更多的牌，打得更凶。
- ♠ 我必须在锦标赛早期接受抛硬币的局面。我希望能幸运地在早期获得筹码优势，因为在锦标赛中期我需要更多的筹码才能抵挡住盲注的快速增长。
- ♠ 我希望大部分对手会因为这种结构玩得更紧些。
- ♠ 每一个扔进彩池的筹码都要有切实的目的。
- ♠ 只要彩池中筹码数量还可以，我就会选择全下来保护我的筹码。实际上，在翻牌前很多时候我要么选择全下，要么选择弃牌。翻牌后，我会把慢玩从我的指令中完全删除。

我列出了WSOP赛制，请看本书第188页。

♣ 在线扑克

在线扑克室的出现是德州扑克最近蓬勃发展的最大原因。我喜欢玩在线扑克的原因之一就是在线扑克速度很快。我可以同时玩四桌，每桌每小时可以玩70～100手牌。四桌加起来，每个小时我一共可以玩250～400手！与现场扑克每小时只能玩30～40手一对比，你就知道为什么在线扑克会让我这样的玩家沉迷其中了。

但是我玩在线扑克时会做一些调整：

- ♥ 我会玩得更直接，因为大部分对手都是菜鸟或没多少经验的玩家，高级打法对他们不会起作用。精巧的机关对鱼是没作用的。
- ♥ 相对于现场扑克，在线扑克我会打得更紧。在线扑克充满松手玩家，特别在锦标赛的早期。同时玩多桌也需要玩得更紧，因为我的注意力被多桌分散了。
- ♥ 线上游戏不会有太多 Tell。我需要依靠对手的下注方式来判断他们的底牌。
- ♥ 我的对手因为缺乏经验，与职业选手相比更喜欢慢玩。当他们让牌而我有一手不错的抽牌时，我会让牌，争取在转牌上拿到出牌。
- ♥ 在线玩家很难扔掉顶对。如果对手拿到了顶对而我有更大的牌，我会下一个大注，因为我知道我会获得回报。
- ♥ 界面上自动下注一个彩池的按钮和最小下注按钮经常被滥用或误用。我会多花点时间选择正确的下注。经常用自动下注按钮会造成资金的浪费，很多时候下注半个彩池或其他数量更好，虽然有些麻烦。

牌手档案

我说过很多次,德州扑克的成功之路不止一条。很多职业玩家的比赛策略与我不同,但仍然打进了决赛桌。

下面这些玩家用他们各自的打法都取得了巨大的成功。

古斯·汉森（Gus Hansen）

古斯是我见过的最凶的玩家，他几乎不考虑位置的优劣。有时他无论拿到什么牌都会玩，但是他的"疯狂"也有一定的规律。

古斯能盈利是因为对手被他的打法迷惑了，对手经常会把大量筹码扔进彩池，试图把拿着烂牌的古斯打跑。但是古斯也会拿着A-A或K-K进入彩池，这时，"大屠杀"就开始了。

翻牌后古斯能敏锐地发现对手的弱点并马上扑上去。他不害怕只用一对或抽牌全下，这使他的对手不得不面临生死抉择。

古斯也非常擅长用好牌实现利益的最大化。如果他有两对，而对手只有一对，古斯会通过下注或加注尽可能多地吸收对手的筹码。

必须说的是，古斯在转牌与河牌时非常小心。我不知道他算不算翻牌的赌徒，但他一定是翻牌的高手。

在2004年的扑克明星邀请赛上，古斯对抗的是世界上最好的玩家：艾维（Ivey）、布朗森（Brunson）、陈（Chan）、赖德勒（Lederer）、克劳迪亚（Cloutier）、雷斯（Reese）、格林斯坦（Greenstein）。我是筹码老大，有1 000 000个筹码，紧跟在后面的是道尔·布朗森，有650 000个，盲注相对他们的筹码都很小。有一手关键牌，古斯拿到A-A，在翻牌前加注到30 000个。道尔在小盲注位置拿到了Q-Q，牌也很大，他选择跟注，试图给古斯挖坑。为什么道尔想挖坑？因为上手牌古斯用J♣4♣做了相同的加注。

翻牌发出T-8-4，道尔让牌到古斯，古斯下注40 000个，道尔Check-raise全下。这个下注可不小，古斯跟注并获胜。古斯之前的打法让道尔付出了巨大的代价——所有筹码。我相信如果面对的是一个更紧、更保守的玩家，道尔不会犯这样的错误。

古斯的游戏计划是：玩非常多、非常多的牌，不断给对手压力。古斯用翻牌后的隐含赔率和对手的错误来弥补自己翻牌前的损失。

古斯是世界上最好的玩家之一，很多对手不喜欢和他待在一个彩池里，他们扔掉了本该获胜的牌。古斯偷他们的盲注，然后用他们自己的筹码给他们致命一击。

丹·哈灵顿（Dan Harrington）

"行动丹"是在牌桌上仅有的几个有反讽意味的外号之一，哈灵顿是德州扑克中最紧的玩家之一，他紧得简直就像一块石头。

丹的游戏是关于生存的，短筹码时他玩得非常好，他有耐心等一手好牌出现。

但是，凭借超紧的形象，他在比赛中经常能偷盲注成功。他用偷盲注获得的筹码维持生计，用大牌赢得的筹码发财致富。丹的打法非常适合那种涨盲注时间很长（90分钟或更多）、涨盲注幅度很小的锦标赛。

丹绝对是翻牌前的专家。他很少诈唬，但当他诈唬时，他基本都会成功。他也是一个"死钱"专家：如果彩池中的筹码大家谁也不敢拿，丹会收入囊中。

丹很少会因一对"破产"，这是很多玩家致命的弱点。

菲尔·赫尔穆特（Phil Hellmuth）

菲尔凭借他那令人不爽的个性赢了很多彩池。他用挑衅和唠叨控制牌桌上对手的行动，使对手非常想击败他，以至于被彩池套住。

菲尔喜欢用小试探注获得对手底牌的信息。他采用这个策略是因为他觉得翻牌后他比很多玩家打得都好，他是对的。

如果他在试探时被加了一个大注，他几乎可以扔掉所有的抽牌和对牌。虽然松，但是他希望能活下去。虽然他什么牌都玩，但是他翻牌后准确的读牌和下注可以弥补翻牌前的损失。不过，他的这种打法会造成很大的筹码波动。

因为菲尔的声望，很多人都不愿意和他一起进入一个彩池，但是有些玩家非常想与他对抗。对付那些想避开他的玩家，菲尔偷他们的盲注，然后用他们的筹码在比赛中期下大注；对付那些喜欢对抗他的玩家，他会等一手好牌清了他们。

菲尔很少称赞其他玩家打得好。

J
牌手档案

约翰·朱安达（John Juanda）

有人这样描述约翰·朱安达："他是世界上调整能力最强的玩家。"约翰没有固定的打法，他有很多打法。如果牌桌需要玩得紧一点，约翰能玩得比行动丹还紧。如果牌桌该玩得松点，约翰会让古斯·汉森相形见绌。

"线上最大的赢家"

有一个玩家，我称其为"线上最大的赢家"，即BOW（Biggest Online Winner），他在25/50的牌局中所向披靡。我知道他的真实姓名和网络昵称，但是为了保护他的隐私，我还是不说出来了。

算上我观察他和与他玩的时间一共能有几百个小时了，他能从岩石玩家那里扣出筹码来。

很难说清BOW的具体打法，如果从数学角度来看，他的打法是无敌的。我曾尝试模仿他的打法，但还没能达到他的高度。

我认为BOW的基本策略是：

1. 便宜地进入彩池。
2. 用良好的抽牌下大注。
3. 用坚果牌或强牌下大注。

为了表述得更清晰，我在下面提供一个BOW游戏的具体例子。

——BOW游戏的策略——

请看这个例子：

翻牌后彩池有500个筹码。

BOW有5000个筹码。

我也有5000个筹码，底牌是A♣K♦。

翻牌发出A♥7♠6♠。

BOW全下。

单位：个

序号	BOW 的底牌	下注/跟注	BOW 的胜率	BOW 的收益	我的胜率	我的收益
1	T♠8♠	5000	47.80%	5019	52.20%	5481
2	8♠5♥	5000	37.00%	3885	63.00%	6615
3	7♥7♦	5000	98.40%	103 32	1.60%	168
4	5♥9♠	5000	23.70%	2488	76.30%	8012
合计				21 724		20 276

现在，我们知道了BOW 3/4的跟注全下竟然都是抽牌。换作我，至少第四种情况我不会跟注。天哪，他只有单卡槽抽顺啊！我一定要有A-K才会跟注，但是我这种打法每4次就有1次（就像上面的第三种情况）会被BOW用大牌打得很惨。

如果他每次都跟注，长期来看我会亏损，最终，BOW的打法会把我的所有筹码都拿走。这么玩，每4手牌他会净收益1448个，平均每手牌362个。

他的策略还有其他特点：

J
牌手档案

- ♠ 当他全下而对手用好牌跟注时，BOW 经常会用抽牌把对手清空，对手常常会因此失控，导致破罐子破摔（好像我之前也这么说过）。

- ♠ 因为对手不敢跟他的下注，BOW 从彩池中获得了大量的筹码。你很难拿到一手可以跟注5000个的牌。举例来说，一个拿着J–J的玩家在上面4种情况下都会"领先"，但是在翻牌有一个A出现时用所有筹码跟注还是非常有压力的。通过给对手最大的压力，BOW 从彩池中获得了大量本不属于他的筹码。

我能发现的这些策略的唯一缺点就是会遇到数学上的"高方差"，即资金量会出现非常大的波动，他需要很大的资金量才能维持他的打法。举例来说，如果BOW连续10次以35%的胜率全下，那么大约有1.5%的可能10次全输掉，也就是说输掉50 000个筹码。考虑到他打牌的次数，这种事大概每个月就会发生一次。

击败BOW最好的办法就是当有好牌时尽可能地在翻牌前下大注。扩大翻牌前的边际利润是击败他的关键。

对付他的另一个办法是用良好的抽牌跟注而不是用成牌跟注。举例来说，在上述4种情况下，如果我用K♠Q♠跟注他5000个的下注，我的纯利润竟然能高于7800个！

翻牌：A♥7♠6♠

我用K♠Q♠跟注5000个。

单位：个

序号	BOW 的底牌	下注/跟注	BOW 的胜率	BOW 的收益	我的胜率	我的收益
1	T♠8♠	5000	31.40%	3297	68.60%	7203
2	8♠5♥	5000	32.20%	3381	67.80%	7119
3	7♥7♦	5000	74.40%	7812	25.60%	2688
4	5♥9♠	5000	24.80%	2604	75.20%	7896
合计				17 094		24 906

只要跟注时4次里面有3次我有更好的抽牌，我就可以击败他。当然，如果BOW意识到我采用这个策略，他就会改变打法，他会改为只用好牌全下。哈，扑克就是这么有趣。

虽然BOW的策略在现金游戏中很成功，但在锦标赛中这些策略就失灵了。没有重购的锦标赛，生存才是第一要务。不用怀疑，BOW在锦标赛中不会用这些策略，比赛时他会改变策略，采用更适合锦标赛的打法。

德州扑克规则

对于高手或仅仅为了娱乐的玩家而言,这章没什么用。但是,为了减少争议,我列出了德州扑克的权威规则。

基础

德州扑克用标准的52张牌，可供2～23人一起玩。

一个叫"按钮"的小圆牌（通常是塑料制品，上面写有"Dealer"）用来指定发牌的玩家。这个按钮按顺时针方向依次从一个座位传给下一个座位。但是，在发牌之前，玩家被强制下注。这个强制下注叫"盲注"，紧挨按钮左边的玩家必须下"小盲注"，紧挨小盲注左边的玩家必须下"大盲注"。小盲注必须是指定的数量，比如说10个筹码，大盲注通常是小盲注的两倍，即20个筹码。在现金局中，盲注会根据买入多少固定在一定数量，但是在锦标赛中，盲注会每隔一段时间增长一次，一个阶段叫一个"比赛级别"。

在大部分较大的锦标赛中，达到某一级别（通常是第四或第五级别）就会出现每个玩家都要交的底注。底注的数量通常是大盲注的25%。

盲注和底注放进彩池后，每个玩家发两张牌，背面向上。发牌时从按钮位置的左边玩家开始发，按照顺时针方向，直到每个玩家都有两张底牌。

Q 德州扑克规则

——翻牌前下注——

现在下注开始。第一轮,或者叫翻牌前下注,从大盲注位置的左边最近的玩家开始,这个位置叫作"枪口"。

每个玩家都有机会选择弃牌、跟注或加注。(如果其他玩家没有加注,大盲注玩家可以让牌,因为他已经扔进去一个大盲注了。)

——翻牌——

现在发牌员"烧"(去掉)最上面的牌,背面朝上不要被其他玩家看见[①],然后发"翻牌":在牌桌中间正面朝上发三张。这三张牌,还有接下来要发的两张,叫作"公共牌",因为它们能被牌桌上的每个玩家应用。

这轮下注从按钮位置左边第一个还有牌的玩家开始,其他下注轮次的顺序也是如此。

——转牌——

第二轮下注结束,发牌员烧一张牌然后发第四张公共牌,叫作"转牌"或者"第四条街",新的下注轮次随即开始。

——河牌——

现在发牌员烧一张牌然后发第五张公共牌,叫作"河牌"或者"第五条街"。这是第四轮下注也是最后一轮,结束后,开始摊牌。

---

① 烧牌是为了防止作弊。如果最上面的牌被做了记号,玩家就能知道接下来会发什么牌,但知道烧牌下面的一张就难得多。——译者注

——摊牌——

剩下的玩家亮出他们的底牌，从上一轮最后一个下注或加注的玩家开始。如果下一个亮牌玩家的牌比上一个亮牌玩家的大或两人牌力相同，那么这个玩家需要亮牌；如果他的牌没有上一个玩家大，他不需要亮牌。大家都亮完牌或弃完牌后摊牌结束。

获胜的玩家是用可见的七张牌（公共牌五张，自己手上的底牌两张）组成的最强的五张牌的玩家。玩家可以用他们的底牌和公共牌随意组合，比如手里的两张和桌面的三张，手里的一张和桌面的四张，或者五张全是桌面的。

——无限注下注——

无限注德州扑克与限注德州扑克的差别在下注数量上。无限注，顾名思义，就是你可以下你面前有的任意数量的筹码，除了一点要注意：加注数量不能少于前面的下注或加注数量。

举例来说，如果我下注100个，对手不能下注到150个，他至少要下注到200个，即加注100个。这个规则只有在全下时例外，后面我会详细说明。

这里的关键是"你面前有的"。如果你瞥了一眼底牌，发现是两张A，你只能下注你牌桌上所有的筹码。好消息是，如果你想跟一个下注，你只会输掉你面前的筹码。如果有人下注比你的筹码还多，你可以"全下"。

Q 德州扑克规则

——全下——

一个玩家下注200个,你只有120个,你是不是必须弃牌呢?

当然不,否则比尔·盖茨会成为这个星球最厉害的扑克选手。在这种情况下,你只要用你面前所有的筹码跟注即可,即你的120个,也就是说你"全下"了。

全下也不受最小下注的要求的限制。如果你想对一个500个的下注加注,但是你面前只有700个,你仍然可以全下,500个跟注,其余的200个加注。

如果全下发生在两个玩家之间,那么要把多出的筹码还给大筹码玩家,参与彩池的只是小筹码的数量。但是,如果彩池有两个以上玩家,边池就产生了。

——边池——

在德州扑克中,经常会出现边池,比如说彩池中有300个,你的对手,我们叫他B,下注200个,你用你剩下的120个全下跟注B。另一个玩家A,他的筹码比B还多,他也决定跟注。这时,发牌员就需要分出主池和边池。

主池包括最开始的300个、你的120个、B的120个和A的120个,加起来一共660个。B和A两人多出的80个会被放到边池里,一共是160个。从这手牌开始,B或A的每一次加注都会被放到边池里。

即使你最后摊牌获胜了,你也只能赢得主池。边池属于B或A中牌较好的那个。如果B或A的牌是你们三个人中牌最好的,那么他既会拿到边池,也会拿到主池。

礼节规范

当你在俱乐部或朋友局玩的时候,你应该先问问管理员或组织者,他们的牌局是否有特殊的"土规矩"。

在罗伯特·西弗(Robert Ciaffone)著名的《罗伯特的扑克规则》一书中,你可以找到许多常见的礼节规范。他的书几乎涵盖了可能出现的一切情况,从发错牌到"杀彩池"[1]到"抓一手"[2]。

下面是一些常见的礼节规范:

♠ 不要溅到彩池。

"溅到彩池"指的是玩家直接把筹码扔到彩池里,这是不允许的,因为这样发牌员很难确定筹码的数量。下注时,只要把筹码放到你面前就好了,发牌员会清点你的筹码,然后把它们放到彩池中。

♠ 不要多次下注。

多次下注指的是玩家不止一次从筹码堆里拿筹码下注。如果多次下注是被允许的,那么狡猾的玩家在拿筹码时可以观察对手的反应,一旦发现势头不对,他会放回去一些。

很多新手会因为不知道不允许多次下注的规则造成下注数量不足。为了避免这种情况的发生,轮到你下注时你应该养成先说"加注"的习惯,口头声明后玩家从筹码堆里拿几次筹码都可以。

---

[1] 杀彩池:Kill Pots,指下一个超过大盲注的注来提高彩池的下注量。——译者注
[2] 抓一手:Staddle Blinds,指大盲注位置左边的玩家下两倍大盲注换取翻牌前最后说话的机会。——译者注

Q
德州扑克规则

♠ 不要讨论牌局。

在你玩牌时,你不能告诉别人你有什么牌,无论是口头上的还是动作上的。为什么要这么规定呢?与不能持续下注的原因一样:防止某个玩家知道你的牌而改变行动。

♠ 不要故意不按顺序说话。

♠ 当第三个玩家全下时,不要与另一个玩家口头说明要"看到底"。

♠ 不要讨论你没参与的牌局。

♠ 不要故意拖延比赛。

♠ 摊牌时不要命令其他人亮牌。

你可以请求某人亮牌,但告诉他们亮牌是发牌员的工作。频繁地要看对手的底牌是不礼貌的行为。

♠ 不要责备发牌员!

记住,在牌桌上你是你的行为的唯一责任人。无论发生什么,对、错、幸运、倒霉,都不要与发牌员扯上关系。

♠ 当你在牌桌上看自己的底牌时,要确保不被他人鬼鬼祟祟的眼睛看到。

♠ 确保你的底牌一直被放在牌桌上。

♠ 摊牌时把两张底牌都亮出来。

♠ 保护正在玩的牌。人们用各种东西保护他们的底牌,防止被意外翻开。他们把幸运币、忠诚徽章、爱人的纪念品放在底牌上。我用的是一个筹码。

锦标赛规程

关于锦标赛完整的规程，请看德州扑克锦标赛管理联盟的网站。

图表

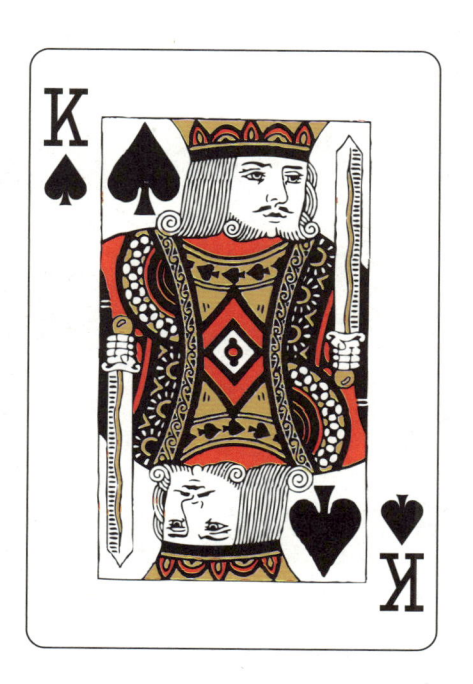

接下来，我会提供一些有用的表格，你不必非要按照表格玩。这章的大部分内容你并不需要死记硬背。记住，有很多因素比数学更能成就一个伟大的德州扑克玩家，如果你可以通过矩阵或计算概率赢得所有比赛，我们就没得混了。

起手牌

后面的表格基于以下几个前提条件：

- ♠ 我有一个紧凶的形象，牌桌上的人都很尊重我。
- ♠ 对手的实力在中上等。
- ♠ 我和对手的筹码都是中筹码。
- ♠ 我是第一个进入彩池的玩家。
- ♠ 我的加注为 2.5～4 个大盲注。

对于表格中的牌以及在图中的位置我只有25%～50%的概率会玩，在后段位置我会玩得更多些。

记住，这个表格仅仅是个指导。根据牌桌情况和对手风格做出相应的调整才能获得成功。

下面的起手牌表格只是一种建议，并不能保证获胜。

K
图表

——均衡的局面——

局面：翻牌前平均最多有2~3个玩家（不紧，也不松）

行动：我用加注第一个进入彩池

玩家：9或10人桌

同花

AA	AK	AQ	AJ	AT	A9	A8	A7	A6	A5	A4	A3	A2
AK	KK	KQ	KJ	KT	K9	K8	K7	K6	K5	K4	K3	K2
AQ	KQ	QQ	QJ	QT	Q9	Q8	Q7	Q6	Q5	Q4	Q3	Q2
AJ	KJ	QJ	JJ	JT	J9	J8	J7	J6	J5	J4	J3	J2
AT	KT	QT	JT	TT	T9	T8	T7	T6	T5	T4	T3	T2
A9	K9	Q9	J9	T9	99	98	97	96	95	94	93	92
A8	K8	Q8	J8	T8	98	88	87	86	85	84	83	82
A7	K7	Q7	J7	T7	97	87	77	76	75	74	73	72
A6	K6	Q6	J6	T6	96	86	76	66	65	64	63	62
A5	K5	Q5	J5	T5	95	85	75	65	55	54	53	52
A4	K4	Q4	J4	T4	94	84	74	64	54	44	43	42
A3	K3	Q3	J3	T3	93	83	73	63	53	43	33	32
A2	K2	Q2	J2	T2	92	82	72	62	52	42	32	22

不同花

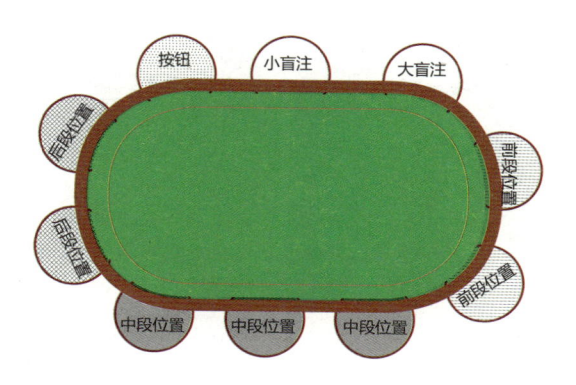

德州扑克 小绿皮书
Phil Gordon

——我玩得较紧——

局面：翻牌前平均有3～5个玩家

行动：我用加注第一个进入彩池

玩家：9或10人桌

同花

AA	AK	AQ	AJ	AT	A9	A8	A7	A6	A5	A4	A3	A2
AK	KK	KQ	KJ	KT	K9	K8	K7	K6	K5	K4	K3	K2
AQ	KQ	QQ	QJ	QT	Q9	Q8	Q7	Q6	Q5	Q4	Q3	Q2
AJ	KJ	QJ	JJ	JT	J9	J8	J7	J6	J5	J4	J3	J2
AT	KT	QT	JT	TT	T9	T8	T7	T6	T5	T4	T3	T2
A9	K9	Q9	J9	T9	99	98	97	96	95	94	93	92
A8	K8	Q8	J8	T8	98	88	87	86	85	84	83	82
A7	K7	Q7	J7	T7	97	87	77	76	75	74	73	72
A6	K6	Q6	J6	T6	96	86	76	66	65	64	63	62
A5	K5	Q5	J5	T5	95	85	75	65	55	54	53	52
A4	K4	Q4	J4	T4	94	84	74	64	54	44	43	42
A3	K3	Q3	J3	T3	93	83	73	63	53	43	33	32
A2	K2	Q2	J2	T2	92	82	72	62	52	42	32	22

不同花

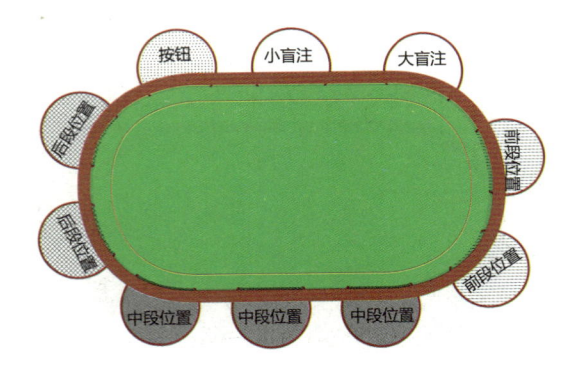

K
图表

——我玩得较松——

局面：翻牌前平均有2个玩家

行动：我用加注第一个进入彩池

玩家：9或10人桌

同花

AA	AK	AQ	AJ	AT	A9	A8	A7	A6	A5	A4	A3	A2
AK	KK	KQ	KJ	KT	K9	K8	K7	K6	K5	K4	K3	K2
AQ	KQ	QQ	QJ	QT	Q9	Q8	Q7	Q6	Q5	Q4	Q3	Q2
AJ	KJ	QJ	JJ	JT	J9	J8	J7	J6	J5	J4	J3	J2
AT	KT	QT	JT	TT	T9	T8	T7	T6	T5	T4	T3	T2
A9	K9	Q9	J9	T9	99	98	97	96	95	94	93	92
A8	K8	Q8	J8	T8	98	88	87	86	85	84	83	82
A7	K7	Q7	J7	T7	97	87	77	76	75	74	73	72
A6	K6	Q6	J6	T6	96	86	76	66	65	64	63	62
A5	K5	Q5	J5	T5	95	85	75	65	55	54	53	52
A4	K4	Q4	J4	T4	94	84	74	64	54	44	43	42
A3	K3	Q3	J3	T3	93	83	73	63	53	43	33	32
A2	K2	Q2	J2	T2	92	82	72	62	52	42	32	22

不同花

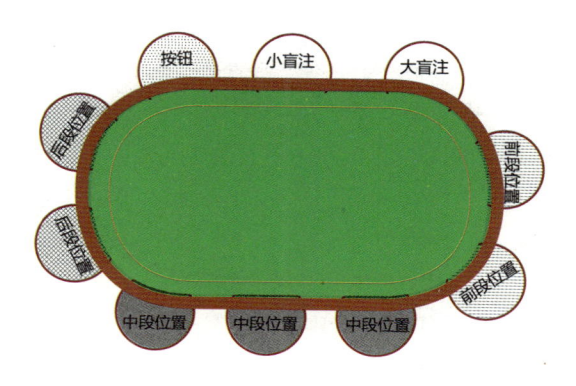

德州扑克 小绿皮书
Phil Gordon

——短桌，较均衡——

局面：翻牌前平均有2个玩家

行动：我用加注第一个进入彩池

玩家：5或6人桌

同花

AA	AK	AQ	AJ	AT	A9	A8	A7	A6	A5	A4	A3	A2
AK	KK	KQ	KJ	KT	K9	K8	K7	K6	K5	K4	K3	K2
AQ	KQ	QQ	QJ	QT	Q9	Q8	Q7	Q6	Q5	Q4	Q3	Q2
AJ	KJ	QJ	JJ	JT	J9	J8	J7	J6	J5	J4	J3	J2
AT	KT	QT	JT	TT	T9	T8	T7	T6	T5	T4	T3	T2
A9	K9	Q9	J9	T9	99	98	97	96	95	94	93	92
A8	K8	Q8	J8	T8	98	88	87	86	85	84	83	82
A7	K7	Q7	J7	T7	97	87	77	76	75	74	73	72
A6	K6	Q6	J6	T6	96	86	76	66	65	64	63	62
A5	K5	Q5	J5	T5	95	85	75	65	55	54	53	52
A4	K4	Q4	J4	T4	94	84	74	64	54	44	43	42
A3	K3	Q3	J3	T3	93	83	73	63	53	43	33	32
A2	K2	Q2	J2	T2	92	82	72	62	52	42	32	22

不同花

按钮

后段位置　　小盲注

中段位置　前段位置　大盲注

图表

出牌

我用表格来计算抽牌的胜率。四二法则（请看本书第120页）可以提供近似值，这里的是精确值。

注意，翻牌后的数值并不包含玩家在转牌上拿到新抽牌的变化，比如后门同花或后门顺子。这个表假定玩家击中出牌就会获胜。

出牌	翻牌后		转牌后	
	四法则	精确值	二法则	精确值
1	4	4.5%	2	2.3%
2	8	8.8%	4	4.5%
3	12	13.0%	6	6.8%
4	16	17.2%	8	9.1%
5	20	21.2%	10	11.4%
6	24	25.2%	12	13.6%
7	28	29.0%	14	15.9%
8	32	32.7%	16	18.2%
9	36	36.4%	18	20.5%
10	40	39.9%	20	22.7%
11	44	43.3%	22	25.0%
12	48	46.7%	24	27.3%
13	52	49.9%	26	29.5%
14	56	53.0%	28	31.8%
15	60	56.1%	30	34.1%
16	64	59.0%	32	36.4%
17	68	61.8%	34	38.6%

翻牌前的拿牌概率

拿到这些牌的概率……

底 牌	概 率
A-A	0.45%
A-A 或 K-K	0.90%
任何口袋对	5.90%
A-K 同花	0.30%
A-K 不同花	0.90%
A-K	1.20%
A-A，K-K，A-K	2.10%
同花牌	24.00%

如果我有口袋对，翻牌拿到……

牌 型	概 率
三头	10.80%
葫芦	0.70%
四头	0.20%
三头以上	11.80%

如果我有同花，翻牌拿到……

牌 型	概 率
同花	0.84%
差一张同花	10.90%
差两张同花	41.60%（需要两张！）
河牌形成同花	6.40%

K
图表

如果我只有杂牌，翻牌拿到……

牌 型	概 率
至少一对	32.40%
一对（用一张底牌）	29.00%
两对	2.00%
三头	1.35%
葫芦	0.10%
四头	0.01%

翻牌本身形成……

牌 型	概 率
三头	0.24%
对	17.00%
同花	5.20%
彩虹牌	40.00%
连续牌（例如 4-5-6）	3.50%
两张连牌（例如 K-5-6）	40.00%
没有连牌（例如 2-5-Q）	56.00%

我在转牌后形成……

牌 型	概 率
翻牌后三头形成葫芦或更好的牌（7 张牌）	15.0%
翻牌后两对形成葫芦（4 张牌）	9.0%
翻牌后四张同花色的牌形成同花（9 张牌）	19.0%
翻牌后两路抽顺形成顺子（8 张牌）	17.0%
翻牌后单卡槽抽顺形成顺子（4 张牌）	9.0%
翻牌后两张超牌形成一对（6 张牌）	13.0%

德州扑克 小绿皮书
Phil Gordon

翻牌后,如果到河牌,我形成……

牌 型	概 率
翻牌后三头形成葫芦或更好的牌	33.0%
翻牌后两对形成葫芦	17.0%
翻牌后四张同花色的牌形成同花	35.0%
后门(跑跑)同花	4.2%
翻牌后两路抽顺形成顺子	32.0%
翻牌后单卡槽抽顺形成顺子	17.0%
翻牌后两张超牌形成一对或更好	24.0%

就剩下河牌没发时,我形成……

牌 型	概 率
三头形成葫芦或更好的牌(10张牌)	23.0%
两对形成葫芦(4张牌)	9.1%
四张同花色的牌形成同花(9张牌)	20.0%
翻牌后两路抽顺形成顺子(8张牌)	17.0%
单卡槽抽顺形成顺子(4张牌)	8.0%
两张超牌形成一对(6张牌)	13.0%

牌力等级

没有这部分内容的扑克教程是不完整的。

皇家同花顺

A-K-Q-J-T,都是相同花色

A♠K♠Q♠J♠T♠

K
图表

同花顺
五张连牌，都是相同花色

（A 在低端和高端都可以参与成牌）

6♠7♠8♠9♠T♠

A♥2♥3♥4♥5♥

四头
四张点数相同的牌

J♥J♣J♦J♠8♣

葫芦
三头加一对

7♥7♠7♦T♣T♥

K♦K♥K♠2♣2♠

同花
五张牌相同花色

A♣9♣6♣5♣2♣

K♥Q♥T♥9♥4♥

顺子
五张连牌

4♥5♥6♠7♦8♣

三头

三张点数相同的牌

4♥ 4♠ 4♦ A♣ Q♦

两对

两对点数不相同的牌

A♣ A♦ J♥ J♣ 4♣

一对

两张点数相同的牌

6♠ 6♦ 9♥ 4♦ 2♣

杂牌（高牌）

A♥ J♦ T♣ 9♦ 5♣

WSOP赛制

单位：个

级 别	小盲注	大盲注	底 注
1	25	50	0
2	50	100	0
3	100	200	0
4	100	200	25
5	150	300	50

K
图表

续表

级 别	小盲注	大盲注	底 注
6	200	400	50
7	250	500	50
8	300	600	75
9	400	800	100
10	500	1000	100
11	600	1200	200
12	800	1600	200
13	1000	2000	300
14	1200	2400	400
15	1500	3000	500
16	2000	4000	500
17	2500	5000	500
18	3000	6000	1000
19	4000	8000	1000
20	5000	10 000	1000
21	6000	12 000	2000
22	8000	16 000	2000
23	10 000	20 000	3000
24	12 000	24 000	4000
25	15 000	30 000	5000
26	20 000	40 000	5000
27	25 000	50 000	5000

每个级别2小时。

所有玩家从10 000个筹码开始比赛。

进一步学习的资源

书　籍

Phil Gordon's Little Blue Book（《菲尔·戈登的小蓝皮书》）

作者：菲尔·戈登

在这本书里，我会讲解实战中我遇到的100手牌。有些牌我赢了，有些牌我输了，但是我从每一手牌里都学到了东西。这本书是小绿皮书的实战篇。

Phil Gordon's Little Gold Book（《菲尔·戈登的小金皮书》）

作者：菲尔·戈登

这本书是扑克里的"博士"用书，也是我的最后一本书。我深入研究了扑克里的数学因素。我也讲了奥马哈和单挑德州扑克。本书的重点是讲解与网络扑克相关的技术。

The Theory of Poker（《扑克理论》）

作者：David Sklansky

Hold'em Poker for Advanced Players（《德州扑克高级教程》）

作者：David Sklansky 和 Mason Malmuth

Tournament Poker for Advanced Players（《锦标赛高级教程》）

作者：David Sklansky

Caro's Book of Poker Tells:The Pyschology and Body Language

K
图表

of Poker（《卡罗的扑克tell之书：扑克心理学和身体语言》）

 作者：Mike Caro

Doyle Brunson's Super System: A Course in Power Poker（《道尔·布朗森的超级系统：强力扑克教程》）

 作者：Doyle Brunson

Doyle Brunson's Super System 2: A Course in Power Poker（《道尔·布朗森的超级系统2：强力扑克教程》）

 作者：Doyle Brunson

Championship No-Limit & Pot-Limit Hold'em（《无限注和彩池限注德州扑克冠军》）

 作者：T. J. Cloutier and Tom McEvoy

Harrington on Hold'em: Expert Strategy for No Limit Tournaments（《哈灵顿玩德州扑克：锦标赛的专家策略》）

 作者：Dan Harrington

《孙子兵法》

 作者：孙武

期　刊

Bluff（《诈唬》）

Card Player Magazine（《牌手杂志》）

All In（《全下》）

后记

写这本书对我来说是个艰巨的任务，但也是一个值得完成的任务，很自豪我现在完成了。在写作过程中，我更好地探究了我的游戏方式和我尊敬的玩家的游戏方式。学到的东西改进了我的打法，我希望我能变得更优秀。

开始写这本书时，我不知道会用到这么多数学知识。如果数学让你讨厌了，请原谅我。但是我后来意识到了，我在牌桌上用到的数学知识远比我想的多，如果说这本书写了什么，它写的就是我做决定的思考方式。一旦玩家在书店拿起这本书，发现里面有很多数学公式和图表，又把书放回去了，我也没办法。没有这些我就无法准确表达我的想法。我选择了完备，而不是销量。

如果这本书的内容使你变得更优秀了，我会非常开心；如果你不同意我的一些观点，非常可能你是正确的。就像我一直说的那样，成功的途径不止一条。这本书呈现的是我的打牌方式，你要玩出你自己的打法和风格。

如果足够幸运，我希望可以与你在某个大锦标赛的决赛桌相遇。我会坐在我的《小绿皮书》边，用书中的策略打出自己的风格。

我相信人们肯定会发现书中的一些错误，我也相信还有些东西我没有提到。遗憾的是，这本书不允许我Add-on，也不允许我立即

后记

修订，我只能依靠互联网。请在我的网页上留言，你可以帮我改正错误、更新数据或提出新观点。《小绿皮书》会不断调整，我会尽可能地经常修正。如果你有一些东西希望与大家分享，请打包发给我。我们可以一起研究打法，改善思维，努力更好地理解德州扑克。

德州扑克一分钟就可以学会，但是需要一辈子才能玩好，的确如此。

祝你好运。

菲尔·戈登

附录　德州扑克术语中英文对照表

　　Action（说话或行动）：一个玩家的行动。德州扑克里共有七种行动：Bet（下注）、Call（跟注）、Fold（弃牌）、Check（让牌）、Raise（加注）、Reraise（反加注）、All In（全下）。

　　Add-on（加码）：在锦标赛中，玩家有一次机会用一个买入价换得双倍起始筹码。一般发生在锦标赛重购结束后的间歇期。

　　All In（全下）：用自己的所有筹码下注。

　　Ante（底注）：锦标赛进行到一定级别后，发牌前每个玩家须缴纳的筹码，一般为大盲注的10%～25%。

　　Bad Beat（小概率击败）：优势很大的成牌被一张小概率的出牌击败。

　　Bank Roll（资本）：投入德州扑克赛的资本。

　　Bet（下注）：第一个投入筹码的行动。

　　Betting Rounds（下注圈）：每一个牌局可分为四个下注圈。每一圈下注由小盲注玩家开始。包括

　　　　Preflop Round（翻牌前圈）：公共牌出现以前的下注圈。

　　　　Flop Round（翻牌圈）：前三张公共牌出现以后的下注圈。

附录

Turn Round（转牌圈）：第四张公共牌出现以后的下注圈。

River Round（河牌圈）：第五张公共牌出现以后，摊牌以前的下注圈。

Big Stack（大筹码）：牌局中筹码较多。

Blinds（盲注）：在每一局开始时，大盲注和小盲注玩家必须缴纳的筹码，这是对玩家的强制性下注要求，以保证每局都有底注可竞争。

Blind Out（盲杀）：由于盲注加大而被拖死。

Bluff（诈唬）：伪装成大牌试图迫使对手弃牌获胜。

Board（桌面）：指桌上的五张公共牌。包括

Flop（翻牌）：前三张公共牌。

Turn（转牌）：第四张公共牌，也叫第四街（the fourth street）。

River（河牌）：第五张公共牌，也叫第五街（the fifth street）。

Bubble Time（泡沫期）：锦标赛中只要再淘汰几个人就可以进入钱圈的一段时期。

Bust（出局）：输光所有筹码离开牌局。

Button（按钮或庄家）：按钮是玩家顺时针轮流持有的一个标志，持有按钮的玩家为这局牌的庄家，每圈下注由庄家左侧的玩家开始到庄家结束。

Buy In（买入）：参与比赛需要的费用。

Call（跟注）：与其他玩家投入相同的筹码。

Call station（跟注站）：形容那些只会跟注，不喜欢加注和弃牌的玩家。

Check（让牌）：采取观望态度，把行动的权利让给其他玩家。

Check-raise（让牌加注）：让牌引诱对手下注后再进行加注。

Connectors（连牌）：点数连续的底牌，比如9-8、A-K、3-2等。

Cracked（打碎）：当一对漂亮的口袋 A 被人打败，这一对 A 就叫被"打碎"了。

Cut Off（开关位或关煞位）：按钮玩家右边第一位玩家。

Domination（主导）：两个玩家的底牌有一张相同，不同的牌中较小的一方就称为被对方主导。比如A-Q被A-K主导。

Donkey（驴子）：形容那些喜欢乱下注的玩家。

Draw（抽牌）：差一张或几张牌可以形成一手很强的牌，比如底牌是K♥8♥，翻牌是4♥7♥4♣，那么就可以说抽一张红桃。

Drawing Dead（抽死）：无论发出什么牌，都已经被击败了。

Grinder（磨磨机）：格外小心，一点一点"磨"出成绩来的玩家。

Fake（作废）：如果你的底牌是K-K，对方的底牌是A-T，翻牌是Q-Q-Q，转牌是7，河牌又是个Q，那么你的K-K就作废了。

Fish（鱼）：菜鸟，初学者。

Fold（弃牌）：扔掉底牌，放弃这一局牌。

Freeroll（免费赛或音译为富轮）：为初学者准备的免费赛。

附录

Heads Up（单挑）：两个玩家一对一的游戏形式。

Hole Cards（底牌）：牌局开始时发给每个人的两张牌。

Kicker（边牌或踢脚）：如果两个玩家有相同的对子、三头等，则拥有较大的边牌（即不成对的最大的一张牌）的玩家获胜，把对手"踩在脚下"。

Margin Hand（边缘牌）：A-T、K-J这种容易被主导的底牌。

Monster（大牌）：一手很强大的牌。

Nuts（坚果牌）：当前局面可能出现的最强的牌，比如公共牌是K♥9♥6♥2♥5♠，那么有A♥的玩家就有坚果牌。

On Tilt（失控）：玩家情绪失控开始胡玩。

Out（出牌）：可以使玩家获胜的公共牌，比如一个玩家有一对K，对方有一对A，那么未发出的两个K就是拿着一对K的玩家的出牌。

Over Pair（超对）：玩家底牌对子的点数比牌面公共牌中最大的牌还大就称为超对，比如翻牌是K-9-7，那么A-A就是超对。

Pocket Pair（口袋对或口袋）：两张点数相同的底牌，比如A-A、K-K、7-7、2-2可以称作口袋A、口袋K、口袋7、口袋2。

Position（位置）：一个玩家相对于按钮的位置。随着按钮位置的变化，每个人的位置也跟着变动。

Pot（彩池）：每一个牌局里玩家已下注的筹码总额。

Rag（抹布）：一张低数值并在多数情况下不影响胜负的公共牌。

Rainbow（彩虹牌）：指公共牌的花色没有相同的两张，比如翻牌为K♣7♠5♥，我们就可以说这个翻牌是个彩虹牌。

　　Raise（加注）：在前面玩家下注的基础上再增加下注。

　　Reraise（反加注）：在前面玩家加注的基础上再增加下注。

　　Rock（岩石）：形容那些玩得特别稳，没牌就弃牌，很少诈唬的玩家。

　　Set（暗三）：在拿着一个口袋对的情况下发出一张等值的公共牌凑成的三头，由于比较隐蔽，被称为暗三。

　　Showdown（摊牌）：在最后一圈下注后仍然有两个或两个以上玩家，玩家就得通过摊牌比较成手牌大小判断胜负。

　　Side Pot（边池）：当有人下注而另一个筹码较少的玩家全下的时候，通常会形成一个边池，筹码较少的玩家不参与这个边池里筹码的竞争。比如有两个玩家下注2000个筹码，另一个只有1500筹码的玩家全下，两人的500个筹码就是边池，有1500个筹码的玩家不参与竞争这个彩池。

　　Starting hand（起手牌）：即底牌。

　　Steam（七窍生烟）：指玩家由于愤怒开始胡玩。

　　Streak（连胜）：连战连胜的状态。

　　Suited（同花）：花色相同的底牌，花色不同的牌叫不同花（Off-suited）。

　　T（10）：ten的缩写，指扑克牌里的10。

　　Tell（马脚或习惯动作）：一个玩家的习惯动作，比如一个玩家拿到好牌的时候会后仰，那么后仰就是他的习惯动作。

　　Trap（挖坑）：在知道自己稳操胜券的情况下诱导别人加

附录

注，以增加自己将赢得的筹码数额。

UTG（枪口位置）：Under the Gun的缩写，大盲注位置左边的玩家，翻牌前他第一个说话。翻牌后，如果大小盲注玩家不参与彩池竞争，他还得最先行动。这个位置十分不利，仿佛被置于枪口之下。

♠♥德州扑克经典♠♣

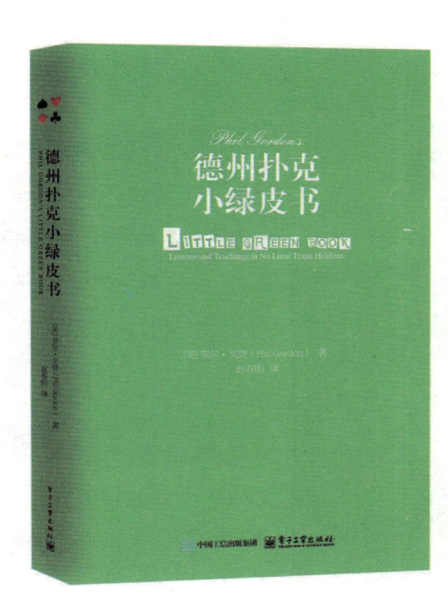

12 种语言

50 多个国家引进版权

70 万册全球销量

德州扑克小绿皮书
ISBN 978-7-121-23337-1
定价：50.00元

2004年WPT第二赛季"扑克之星"
菲尔·戈登经典代表作

本书得到了包括Dave Foley、James Woods、Erik Seidel、Hank Azaria等德扑高手的推荐，且数次再版。

实战经验+德扑技巧+经典案列，堪称德扑经典。本书主要讲的是翻牌前、翻牌后、包括转河牌的玩法，是德州扑克的必读书之一。

德州扑克 GTO进阶

适合中国人的扑克思维方式

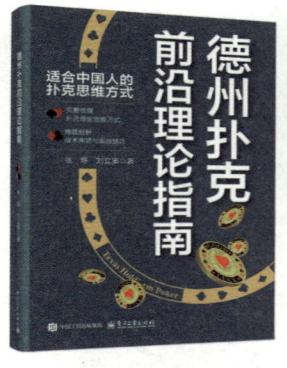

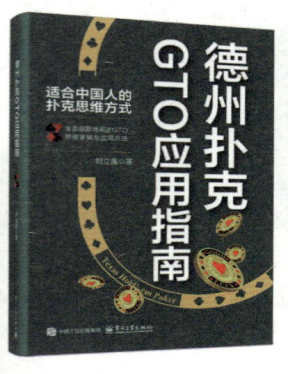

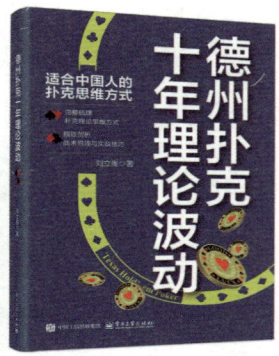

德州扑克十年理论波动
ISBN 978-7-121-45479-0
定价：60.00元

德州扑克GTO应用指南
ISBN 978-7-121-46829-2
定价：60.00元

德州扑克前沿理论指南
ISBN 978-7-121-47595-5
定价：60.00元

完整梳理扑克理论

细致剖析战术原理与实战技巧

全面细致地阐述
GTO思维逻辑与应用方法

传记系列

获得WSOP金手链最多的德州扑克玩家

他既是闪耀的扑克明星，也是一个平凡人物

"扑克小子"的成长之路，菲尔·赫尔穆斯的扑克人生故事

菲尔·赫尔穆斯传记
ISBN 978-7-121-47535-1
定价：60.00元

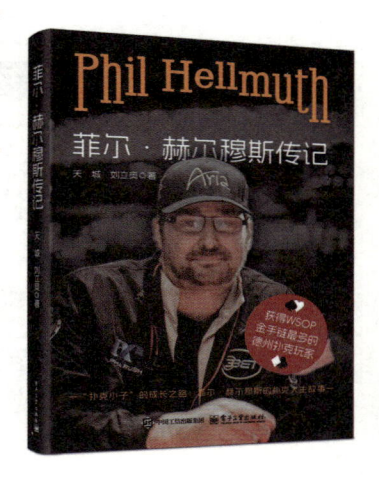

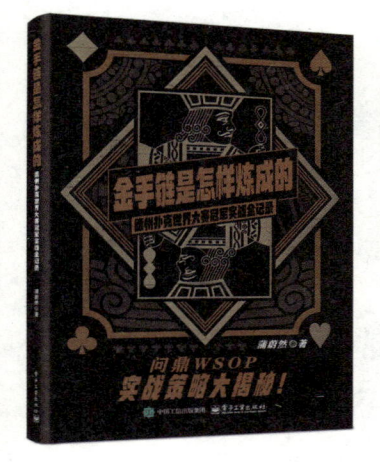

国人问鼎WSOP之战 策略大揭秘

德州扑克世界大赛冠军实战全记录

金手链是怎样炼成的
ISBN 978-7-121-48120-8
定价：60.00元

即将出版　敬请期待
扑克传奇Tom Dwan经典手牌赏析

德州扑克入门提高

**揭露那些不经意间
暴露的马脚**

洞察对手深层的情感和意图
你将学会在这张精巧的谎言网中
捕捉对手的每一个细微标签和无意动作

德州扑克马脚读牌术
ISBN 978-7-121-48168-0
定价：80.00元

德州扑克入门与提高
ISBN 978-7-121-44327-5
定价：69.00元

德州扑克战术与策略分析
ISBN 978-7-121-29905-6
定价：40.00元

**资深玩家
经验技巧大公开**

还不会德扑你OUT了

从实战经验到德扑技巧，
通过经典案例全面展现德州扑克的魅力

让你脱离平庸之列，迅速成为顶尖玩家